楊 遠 舟

中国国家賠償法の研究

賠償義務の成立要件の法理論的分析

PROGRES
プログレス

まえがき

　本書は，2019年に早稲田大学法学研究科に提出した博士号請求論文に加筆・修正を加えて作成したものである。

　大学院での研究テーマについては，中国国家賠償法を日本の国家賠償法との比較法的視角から検討することを早い段階で決めていたが，当初は法制史的な分析に大きな魅力を感じていた。中国における国家賠償の法的構成は，当初は当時のソビエト法の強い影響のもとにおかれたが，その後に日本や欧米各国での国家賠償法の研究動向（もちろん，国家賠償法の制定や解釈に大きな影響を与える民法での不法行為論の進展などの理解も含め）が中国の研究者によって正確に把握されるようになり，国家賠償の基礎理論の基盤が拡大してゆくことになった。このような歴史的動向とともに，来たるべき中国国家賠償法の制定にあたっては，文化大革命時代における冤罪事件の多発という歴史的経験を踏まえて，国家賠償制度のなかに冤罪に対する賠償的救済が盛り込まれなければならないとの意識が，かなり早い段階から自覚されていた。そして，このことが，成立した中国の国家賠償法において諸外国と異なる行政賠償と刑事賠償の二元的賠償制度を採用させることになった。また，国家賠償法の制定にあたっては，既存の民法による救済で対応できるとの国家賠償法不要論も出されていた。以上のような諸要素を，当初は法制史的な視点で分析することで，中国国家賠償法の構造的特徴を十分に析出することができるものと考え，修士論文はこのような視点で構成した。

　しかし，その後，法制史的分析のみで，中国国家賠償法の構造的特徴を析出できたといえるのかに疑問を覚えるようになった。たとえば中国国家賠償法が採用する「違法性」概念は，法理論的にどのような内容のものであり，それは比較法的に見た場合に，諸外国とは異なる特殊な考え方で構成されているので

はないか等，これを精密に検討する作業が加わらなければ，中国国家賠償法の構造的特徴の分析というには不十分なのではないかと考えるようになった。また，中国国家賠償法のもとで，いかなる者がいかなる事案で，いかなる主張をもって国家賠償を請求しているのかの実際の事件の分析をすることなくして，中国国家賠償法の実像に迫ることはできないとも考えるようになった。そこで，博士論文では，中国国家賠償法が定める賠償義務の成立要件の法理論的分析，さらには国家賠償請求手続きの諸外国ではみられない極めて複雑なルートの整理，そして，実際の裁判例の分類と紹介などをおこなった。

　本書は，以上のような博士論文の内容を，中国の複雑な法源，行政組織，そして裁判組織になじみのない日本の方々にも理解していただけるものにするべく，大幅に圧縮したうえで加筆・修正を加えたものである。中国国家賠償法について，その条文や判例にまで詳細に踏みこんで紹介した書籍は，これまで日本では公刊されておらず，ここに本書を公にする意味があるものと考えている。また，本書の巻末に資料として付した，中国国家賠償問題の解決基準となる国家賠償にかかわる主要な法源の翻訳も，中国国家賠償法体系の理解に有益なものとなると考える。

　本書は，中国国家賠償法の構造をより明快に紹介するために，中国で公刊されている通常の国家賠償法関係の書籍や研究論文とは若干異なる理論フレームを採用しているが，これは簡明な解説のための理論フレーム（工夫）であり，本書で述べていることの理論的内実は，従来の上記の書籍等と本質的に異なっている点はないものと考えている。

　最後に，これまでの研究生活について述べさせていただきたい。私の研究生活は，早稲田大学法学学術院の楜澤能生先生が主催する日中農地法に関する共同研究会への参加から始まった。そこで，広東外貿外語大学土地法制研究院のリーダーである陳小君先生と出会い，そこでうかがった同先生のお話に感銘を受けて中国の土地問題，とりわけ土地収用の問題に関心を持つようになった。そして，自らの研究テーマも土地収用に向かうことになったが，その研究過程で土地収用にかかわる多数の国家賠償請求訴訟の存在に注目するようになっ

た。このことが，国家賠償を自らの研究テーマとして固定することになった経緯である。

　研究方法につき，私は，修士課程において小口彦太先生の下で指導を受けた。小口先生の裁判例から中国法をみるというアプローチに共鳴した。中国法の現状をみるには，理論と比べて裁判例の分析によった方が鮮明に捉えることができる。博士論文において，国家賠償事案の判例を分析するための準備が，小口先生のもとでなされていたものと考えている。さらに，博士課程に進学したとき，自分の研究は何のためにあるのかということを考えるようになっていた。そして，現実に発生している問題を解決するために研究をするのではないのかと思い至ったとき，自分には解決策を見出すための能力，とくに法技術的能力が足りないと自覚せざるをえなかった。そのようなとき，博士課程の指導教員の首藤重幸先生の言葉に啓発された。首藤先生は，中国で実際に発生している事件を詳細に観察して，それを解決するための精密な法解釈技術の能力を備え持つ法理論研究が必要であるとおっしゃっていた。私は，その言葉に感銘を受けて，国家賠償に関する理論研究に力を入れてきた。

　本書につき，首藤重幸先生，小口彦太先生のご指導ご鞭撻がなければ，作成できなかった。本書の題名となっている研究テーマに出合うことができたのは，楜澤能生先生と陳小君先生の研究会のおかげである。また，研究生活を振り返ると，博士課程においては，岡田正則先生，田村達久先生，人見剛先生の指導を受けて充実した研究生活を過ごすことができた。そして，博士課程での生活の後段においては，私が早稲田大学比較法研究所の助手を務めていた当時，そこでの仕事と自分の研究を両立できるかに心配していたが，比較法研究所所長である中村民雄先生，同所幹事である黒沼悦郎先生，および同所の同僚達の配慮のもとで，心配は杞憂におわった。ここで，あらためて，お世話になった先生方および同僚の方々に感謝を申し上げたい。

　さらに，私が早稲田大学に留学している間には，同校教員である文元春先生に色々助けていただき，大変お世話になった。ここで，文先生にもお礼を申し上げたい。

iv

　本書の刊行は，株式会社プログレスにお世話になった。とりわけ，同社代表者の野々内邦夫氏に厚く御礼申し上げたい。

2021 年 4 月 25 日

楊　遠舟

目　　次

第1章　序　　論

第2章 行政賠償

第1章 序　論

第1節　中国国家賠償法の成立と改正

1　中国国家賠償法の成立前

　中国における国家賠償法の出発点は 1949 年の「政治協商共同綱領」と言われる[1]。

　1947 年，中華民国は「国家賠償法（草案）」を作成したが，1949 年に成立した中華人民共和国は，毛沢東の「偽憲法廃止」の指示に従い，それ以前の中華民国時代の法律を全般的に撤廃した[2]。さらに，当該指示は，それまでの『六法全書』を廃止してから新たな法を作成するまでの間，「共産党の政策」，「人民政府が出した綱領・命令・条例・決議」によって統治を行うと規定していた[3]。その後の 1954 年に制定された憲法第 97 条は，「国民は，国家機関及び公務員によって権利を侵害され損害を被った場合，賠償を求める権利を有する」との定めを置いたが，政治先行，階級闘争など様々なものに影響され，法律としての国家賠償法は作成されなかった[4]。

　1980 年代から，中国は，「改革開放」政策の下で，次第に法整備を進めてゆく。1982 年に改正された憲法第 41 条第 3 項は，「国家機関及び国家工作人員が国民の権利を侵害することによって損害を被った者は，法律の規定に従って賠償を取得する権利を有する」と規定した。しかし，当該条文は簡潔なものに

1　李竜賢「中国における国家賠償法㈠」（名古屋大学・法政論集 251 号，2013 年）117 頁以下を参照。

2　李竜賢「中国における国家賠償法㈡」（同上 252 号，2013 年）123 頁。

3　李竜賢・前掲（注 2）123 頁。

4　李竜賢・前掲（注 2）125 頁以下を参照。

とどまっており，実際の運用がなされるためには法律の制定が必要であった。その後，この 1982 年から 1994 年の中国国家賠償法が成立するまでの間に，国家賠償に関する規定が個別の法律の中で散発的に制定された。たとえば 1983 年制定の「中華人民共和国海上交通安全法」第 45 条[5] は，特定の行政処分が違法である場合に，その処分の名宛人は賠償を求めることができると規定している。そして，1986 年制定の「民法通則」第 121 条，さらに 1988 年制定の民法通則の司法解釈は，特定の行政処分に限らず，国家機関の賠償責任の一般規定を定めた[6]。

2　中国国家賠償法の成立

そして，1986 年に「民法通則」が公布された直後，全国人民代表大会法律工作委員会（以下，「法工委」という）は，国家賠償法を含む「新六法」[7] の作成に着手した。この立法作業のために主として大学の研究者によって構成された行政立法研究グループは，1988 年 8 月に「行政訴訟法（草案）」を完成させた。その草案をもとにした「行政訴訟法」（以下，「89 年行政訴訟法」という）は，1989 年 4 月に可決・公布され，同年 10 月 1 日から施行されることになった。89 年行政訴訟法は，その第 9 章の権利侵害賠償責任（第 67 条～第 69 条）において行政賠償に関する規定を設けた[8]（当該箇所は，国家賠償法の成立を受けて 2014 年の行政訴訟法の改正において削除された）。

5　この海上交通安全法の第 45 条は，処分の名宛人が行政処分を違法と考える場合には，損害賠償請求訴訟を人民法院に提訴することができると定める。

6　民法通則第 121 条は，国家機関およびその工作人員は，職務を執行するについて，市民，法人の合法的権利を侵害し，損害をもたらした場合には，民事責任を負わなければならないと定める。

　民法通則の司法解釈は，さらに民事責任を負う主体を明確化し，「国家機関の工作人員の職務行為については，国家機関がその責任をとるべきである」と規定している。

7　「新六法」とは，中華民国時代に既にあった「六法全書」に対して，陶希晋氏が提唱した中華人民共和国の独自の「六法体系」（法体系）を意味する。同旨，「一場顚覆『官貴民賤』的立法革命―行政訴訟法誕生録」中国人大雑誌（2014 年，第 2 期）を参照。

その後，同グループは，「国家賠償法」の制定作業に着手し，1991年4月に法工委に「国家賠償法（仮草案）」を提出した。法工委は，それをもとにして修正し，「国家賠償法（草案）」を第8期全国人民代表大会常務委員会（以下，「全人代常委会」という）第4回会議に提出し審議を求めた。当該草案は，1994年5月12日に第8期全人代常委会第7回会議で可決された。この1994年に成立した中国国家賠償法（以下，「94年国賠法」という）は，中国で初めて国家の賠償責任を体系的に規定したものとして，画期的な意義を持つものである。

3 中国国家賠償法の改正

法工委は，2005年末から94年国賠法の改正に着手する。法工委は，行政機関，司法機関に改正意見を求め，一連の座談会および国際シンポジウムを開催し，省や市で現地調査を行ったうえで，2008年に国家賠償法の改正案を提出した。

2008年10月28日，「『中華人民共和国国家賠償法改正案（草案）』に関する

---

8 89年行政訴訟法の第67条〜第69条の規定は次の通りである。

第67条 ① 国民，法人またはその他の組織は，自らの合法的権利・利益を行政機関あるいは行政機関の工作人員の具体的行政行為によって侵害され損害を被ったとき，賠償請求権を有する。

② 国民，法人またはその他の組織が損害賠償のみを請求するとき，それは先ず行政機関によって処理されなければならない。行政機関の処理を不服とする場合には，人民法院に訴えを提起できる。

③ 賠償訴訟には，和解が適用できる。

第68条 ① 行政機関または行政機関の工作人員がなした具体的行政行為が，国民，法人またはその他の組織の合法的権利・利益を侵害し損害をもたらしたとき，当該行政機関あるいは当該工作人員が所属する行政機関は，賠償責任を負う。

② 行政機関は，損害を賠償した後，故意または重過失がある行政機関の工作人員に一部あるいは全部の賠償費用を負担するよう命じなければならない。

第69条 賠償費用は，各級（人民政府）の財政から支給する。各級人民政府は，責任ある行政機関に一部または全部の賠償費用を支払うよう命じることができる。具体的な規則は，国務院が作成する。

説明」[9]（以下,「草案説明」という）が,国民からの意見を求めるために公開された。

「草案説明」によれば,94 年国賠法の実施中に現れた問題として,①賠償手続きに欠陥があり,特に賠償義務機関が,賠償すべきである事案に関する違法確認決定をせずに引き延ばすこと（違法確認前置：94 年国賠法では国家賠償請求するためには,その前提として当該事案に関する賠償義務機関の違法確認が必要であった）,②賠償金額が十分でないこと,③刑事賠償の範囲が明確でないことが指摘されていた。

その後,2009 年 6 月 22 日の第 11 期全人代常委会第 9 回会議において,国家賠償法の改正についての報告（以下,「第 1 回報告」という）がなされた[10]。さらに,2009 年 10 月 27 日の第 11 期全人代常委会第 11 回会議で改正に関する審議結果の報告（以下,「第 2 回報告」という）がなされた[11]。

そして,2010 年 4 月 29 日,国家賠償法の改正案が,第 11 期全人代常委会第 14 回会議で可決された。この改正には,それまでの「草案説明」,「第 1 回報告」,「第 2 回報告」の内容が反映されていた。2010 年の法改正後の国家賠償法（以下,「10 年国賠法」という）は,国家機関の職員（以下,職員という）の故意・過失を要件としない違法性要件主義を確認したほか,結果主義（刑事賠償について違法性も故意・過失も要せず,結果が生じれば賠償を認めるという責任の帰属方式）を追加し,行政賠償と刑事賠償について異なる賠償要件を採用する多元的な責任主義をとることになった。

また,この責任主義の多元化のほか,10 年国賠法は,94 年国賠法が前提とする賠償義務機関による「違法確認前置」の撤廃（10 年国賠法では異なる形態

9　当該ファイルの具体的内容は,
　　http://www.npc.gov.cn/huiyi/lfzt/gjpcfxzaca/2008-10/28/content_1455741.htm を参照。
　　最終登録時間：2019 年 1 月 26 日。
10　http://www.npc.gov.cn/huiyi/lfzt/gjpcfxzaca/2010-08/04/content_1870390.htm を参照。
　　最終登録時間：2019 年 1 月 26 日。
11　http://www.npc.gov.cn/huiyi/lfzt/gjpcfxzaca/2010-08/04/content_1870389.htm を参照。
　　最終登録時間：2019 年 1 月 26 日。

での違法性の確認前置制度が存在することについては後述），賠償対象となる行政
機関の行為の範囲の拡大，賠償手続きの改善，賠償金算定基準の引上げ等の改
善をおこなった[12]。

12　杜儀方「新『国家賠償法』下刑事賠償的司法実践研究」当代法学（2018 年，第 2 期）45
頁を参照。

第 2 節　　中国国家賠償法の特徴

　国家賠償法の特徴は以下に紹介する「賠償請求方法の多様なルート」,「賠償
対象（範囲）の行為の類型化と具体化」,「違法性要件主義」,「違法性の確認前
置」,「機関賠償主義」,「営造物の設置・管理の瑕疵の民事賠償」の 6 点にまと
めることができる。

　なお, 以下で述べる中国国家賠償法は, 特記なき限り, 10 年国賠法を対象
とする。

1　賠償請求方法の多様なルート

　中国においては, 賠償請求人（被害者）が国家賠償を請求するとき, その方
法につき複数のルートが存在し, それらは, まずは訴訟外型と訴訟型に大別す
ることができる。訴訟外型とは, 賠償義務機関（加害者, 裁判所を含む）に直
接に国家賠償を求める場合を意味する。訴訟型とは, 訴訟外型の請求を経由し
ている場合も含めて裁判所（人民法院）に国家賠償請求訴訟を提起する場合を
意味する。そして, それぞれの型に, さらなる複数のルート（タイプ）が存在
しており, これらの全体を以下で 8 つのタイプに分けて, その内容をみてゆく
（①～⑧）。

　なお, 上記のように, 訴訟外型の救済ルートと訴訟型の救済ルートが接合さ
れる場合があることを考えると, 以下の 8 つのタイプとは異なる分類もありえ
るが, この分類によって救済ルートの多様性と, その全体像を提示できるもの
と考える。

　（訴訟外型）

① 賠償義務機関が違法性を認め，賠償も認めるタイプ

② 審判による賠償請求タイプ

③ 賠償義務機関が違法性と賠償責任を認めるが，賠償額等を不服とするタイプ

④ 賠償義務機関が違法性を認めながら，賠償を認めないタイプ

⑤ 賠償義務機関が違法性を認めず，賠償も認めないタイプ

⑥ 賠償義務機関が返答をしないタイプ

（訴訟型）

⑦ 訴訟分離式タイプ

⑧ 訴訟併合式タイプ

(一)　訴訟外型

　訴訟外型の場合には，賠償請求人が賠償義務機関に対して賠償を請求することになる。賠償義務機関は，請求を受けた後，賠償するか否かのみならず，自らの行為の違法性の有無についても判断をしなければならない。そして，賠償請求人が賠償義務機関の処理に満足することになれば，賠償請求手続きはその段階で終了することになるが，処理を不満とすることになれば，行政訴訟・国家賠償訴訟に発展する可能性がでてくる。そのため，ここでの訴訟外型は，訴訟へ転換するか否かによってさらに2つの類型に分けることができる。つまり，訴訟外手続きで完結するタイプと訴訟外手続きで完結しないタイプである。

(1)　訴訟外手続きで完結するタイプ

①　賠償義務機関が違法性を認め，賠償も認めるタイプ

　賠償義務機関が，賠償請求人の請求を受けた後，自らの行為の違法性を認め，賠償請求人に対して賠償する場合が，このタイプである。この場合には，職務上の行為の違法性と賠償責任について賠償義務機関に異論はないということである。賠償請求人が賠償義務機関の処理に納得すれば，それで賠償をめぐる紛争が終了することになる。このルートを図式化すれば，**図①**のようになる。

(註)　以下の各図の中で，○印は主張・請求を認めること意味し，×印はこれを認めないことを意味する。なお，図③～図⑥にある点線は，訴訟外手続きから訴訟手続きへ転換することを意味する。

図①

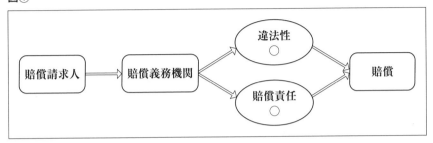

② **審判による賠償請求タイプ**

　刑事賠償・司法賠償（この両者の内容と区分については後述することとし，司法賠償は刑事賠償規定が準用されることから，ここでは手続的なタイプとして同様なものとして説明する）の賠償請求タイプは，一般的な行政賠償とは異なる特別な賠償請求のタイプとなる。たとえば刑事賠償の典型事例である冤罪事件の被害者が賠償請求をする場合，賠償義務機関等による行政過程で問題が解決・終結しないとき，その紛争解決は司法機関に持ち込まれることになる。この場合の刑事賠償にかかる司法機関の決定は，訴訟による判決という性質を有するものではないことに留意する必要がある（司法賠償の手続きも，刑事賠償と同様）。

　そのため，この②のタイプは訴訟外型に分類されることになる。この②のタイプでの刑事賠償の例でいえば，刑事賠償請求人は，まず賠償義務機関（警察，検察，法院，留置場，監獄）に対して賠償請求をしなければならない（国賠法第22条第2項）。賠償義務機関は，賠償請求を受けてから2か月以内に賠償するか賠償しないかを決定しなければならない（同法第23条第1項）。賠償請求人は，賠償義務機関から返答がない場合，または決定を不服とする場合，賠償義務機関の上級機関に対して，不服申立てをすることができる（同法第24条）。賠償義務機関の上級機関は，受付の日から2か月以内に不服申立てに対する裁

決をしなければならない（同法第25条第1項）。この不服審査請求に対する当
該上級機関からの応答がない場合，または当該上級機関の不服審査の結果を不
服とする場合には，賠償請求人は，当該上級機関たる不服審査機関の同級[13]
たる人民法院賠償委員会に対して賠償決定の審判を求めることができる（同法
第25条第2項）。さらに，効力が生じたこの審判による賠償決定に対しては，
一級上[14]の人民法院賠償委員会への再審判（中国の法文では「申訴」という用語
が使用されている）という制度を通じて，その決定を覆すことができる（同法第
30条を参照）。このルートを図式化すれば，**図②**のようになる。

図②

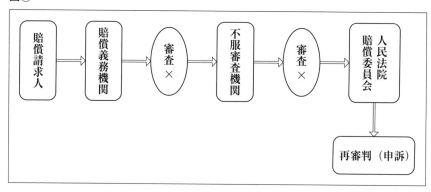

(2)　訴訟外手続きで完結しないタイプ

③　賠償義務機関が違法性と賠償責任を認めるが，賠償額等を不服とするタイプ

　賠償義務機関が，賠償請求人の請求を受けた後，自らの行為の違法性を認
め，賠償請求人に対して賠償を認めるが，次のような紛争が残されるタイプで

13　ここでいう「同級」というのは日本では理解しづらいが，たとえば，上級機関たる北京
　市の不服審査機関と同級という場合には，北京市の高級人民法院賠償委員会が，この北京
　市の不服審査機関と「同級たる人民法院賠償委員会」ということになる（日本でいえば，
　東京都の不服審査機関と東京地方裁判所が同級として理解されるイメージである）。
14　ここでいう「一級上」（再審判＝申訴）を（注13）の例でいえば，人民法院賠償委員会（北
　京市の高級人民法院賠償委員会）の一級上のものは，最高人民法院である（日本の場合に
　置き換えれば，東京都との紛争について東京地方裁判所の裁決を不服とし，一級上の東京
　高等裁判所へ申し立てるイメージである）。

ある。このタイプでは，職務上の行為の違法性と賠償責任について賠償義務機関に異論はないということであるが，しかし，賠償義務機関が認めた賠償金額，賠償方式，賠償項目（賠償対象となる行為の範囲）の全部または一部を賠償請求人が不服とするものである。そのため，このタイプにおいて賠償請求人が，賠償義務機関の処理に納得できなければ，人民法院に賠償金額，賠償方式，賠償項目についての訴えを提起できる（国賠法第14条第2項前段）。このルートを経由して訴訟を提起する場合，この訴訟では賠償金額や賠償方式等のみが争点となることから，賠償機関の行為の違法性審査を対象とする行政訴訟の審査を経由することなく，行政賠償のみを提起することになる。このルートを図式化すれば，**図③**のようになる。

図③

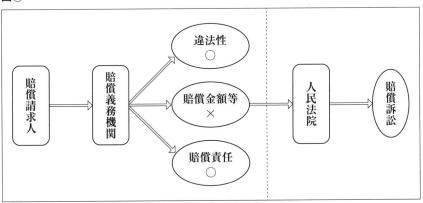

④　賠償義務機関が違法性を認め，賠償を認めないタイプ

　賠償義務機関が，賠償請求人の請求を受けた後，自らの行為の違法性を認めるが，賠償請求人に対して賠償を認めない場合がこのタイプである。この場合には，違法性について賠償義務機関に異論がないのであるから，賠償責任の有無が争われることになる。賠償請求人は，賠償義務機関による賠償を求め，人民法院に訴えを提起できる（国賠法第14条第2項後段）。この④のタイプは，上記の③のタイプと同じく，賠償のみについて争うため，行政訴訟の経由は必要

なく，行政賠償訴訟のみを提起することになる。このルートを図式化すれば，
図④のようになる。

図④

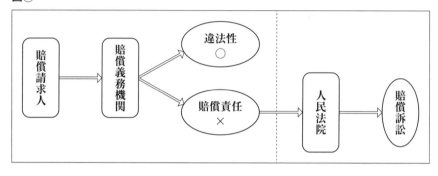

⑤　賠償義務機関が違法性を認めず，賠償も認めないタイプ

　賠償義務機関が，賠償請求人の請求を受けた後，自らの行為の違法性を認め
ず，それゆえに賠償請求も否定する場合がこのタイプである。この場合には，
違法性と賠償責任の有無について争うことになる。そのため，賠償請求人が賠
償を取得するためには，賠償義務機関の行為の違法性の確認と賠償責任の認定
について，人民法院に訴えを提起することになる（国賠法第14条第２項後段）。
この⑤のタイプは，上記の③，④のタイプと異なり，違法性と賠償責任の両方
について争うため，行政訴訟（処分の取消しまたは違法性の確認）と行政賠償訴
訟を提起することになる。このルートを図式化すれば，図⑤のようになる。

図⑤

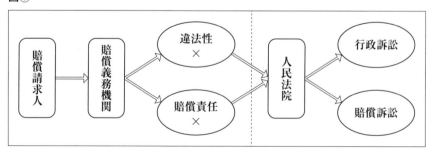

⑥　賠償義務機関が返答しないタイプ

　賠償義務機関が，賠償請求人の請求を受けた後，何らの返答もしない場合がこのタイプである。この場合には，違法性と賠償責任の有無について賠償義務機関からの返答がないのであるから，双方について裁判を通じて争わなければならない。そのため，賠償請求人は，双方の点について人民法院に訴えを提起しなければならない（国賠法第 14 条第 1 項）。この⑥のタイプは，上記の⑤のタイプと同じく，違法性と賠償責任の両方について争うため，行政訴訟と行政賠償訴訟を提起することになる。このルートを図式化すれば，図⑥のようになる。

図⑥

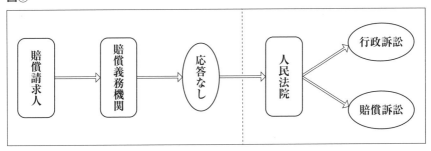

㈡　訴訟型

　国家賠償に関する訴訟には，訴訟外型の紹介で触れたように，違法性をめぐる行政訴訟と損害賠償をめぐる行政賠償訴訟という 2 つの部分がある（なお，この訴訟型の場合には，上記の訴訟外型を経由して，行政賠償訴訟を提起する場合と，それを経由せずに行政訴訟と行政賠償訴訟を提起する場合がある）。訴訟型は，行政訴訟と行政賠償訴訟を別々に提起するか併合して提起するかによって，さらに 2 類型に分かれる。

⑦　分離式タイプ

　賠償請求人が人民法院に対し，まず賠償義務機関がおこなった行為について

行政訴訟を提起し，勝訴判決を得た後，行政賠償訴訟を提起する場合がこのタイプである。すなわち，この⑦のタイプは，訴訟を2回提起することになる。この場合，行政訴訟は賠償責任に触れずに係争行政行為の違法性のみを判断する。ここでの勝訴判決は，賠償義務機関の行為の違法性が確認されたことを意味する。このことを前提として，賠償責任の有無または賠償金の金額等が，行政賠償訴訟によって判断されることになる（行政訴訟法第12条）。このルートを図式化すれば，図⑦のようになる。

図⑦

⑧　併合式タイプ

　賠償請求人が人民法院に対し，行政訴訟と行政賠償訴訟を併合して提起する場合がこのタイプである。この場合，違法性と賠償責任は，上記⑦の分離式タイプと異なり，1つの訴訟で判断されることになる（国賠法第9条第2項）。このルートを図式化すれば，図⑧のようになる。

図⑧

　以上のように中国国賠法における賠償請求方法は，8種類存在している。

2　賠償対象（範囲）の行為の類型化と具体化

　国賠法は，賠償対象の行為を，その性格によって行政賠償と刑事賠償・司法
賠償に分けている。司法賠償については，司法賠償の対象を人民法院による訴
訟妨害や判決の誤った執行等によって損害が生じた場合など極めて限定してお
り，しかも刑事賠償手続きが準用されることから，中国の国賠法の体系の把握
については，行政賠償と刑事賠償という2つの類型があると理解しておいてよ
いものと思われる。

　行政賠償については，89年行訴法が同法第67条〜第69条で既に規定してい
た。94年国賠法の制定理由の1つに，この89年行訴法で規定される行政賠
償制度の実施を保障するためという点が挙げられていた[15]。このことから，94
年国賠法の第2章の行政賠償の内容は，89年行訴法の内容をもとにして詳細
化したものであるという側面を有している。

　刑事賠償が行政賠償と分けて規定されることについては，1979年12月31
日に最高人民法院の共産党委員会の「初めから終わりまで最善を尽くして冤罪
の再審査・是正活動を完成する仕事のいくつかの問題に関する要請・報告」
（以下，「文革是正報告」という）に，その淵源があるといえる。この文革是正報
告は，文化大革命で有罪にされた人たちに対して罪状を再び審査し，無罪にす
べき者を救う活動に関する報告書である。当該報告においては，冤罪の善後処
理のために当時の最高人民法院は，「原判決を取り消し，無罪を言い渡しまた
は政策・法律に照らして刑事責任を追究しない当事者に対して，政治的な名誉
を回復させるほか」，仕事を割り振り，「生活的に困窮している場合には，情状
酌量で救済を与えるべきである」と建議している。このような経緯の中で，通
常の行政賠償と区分すべき刑事賠償の考え方が形成されてきたものである。

　上記のような歴史的な背景の下で，94年国賠法では，行政賠償（89年行訴

15　1993年に胡康生氏が第8期全人代常委会第4回会議で報告した「『中華人民共和国国家
　　賠償法（草案）』に関する説明」を参照。

法）と刑事賠償（冤罪救済）が区分して構築された。中国では，三権分立をとっていないが，司法は行政と明確に区別されており，しかも裁判所の活動には刑事手続きに含めることができないものがあることから，94 年国賠法は司法賠償という類型も法の中に採用していた。しかし，司法賠償については，前述のように刑事賠償にかかる規定が準用されることから，国賠法の賠償類型の整理については，司法賠償を刑事賠償の類型の中に入れて理解するのが通常である。さらに，国賠法は違法性要件主義をとる。これは中国の国賠法の特徴であり詳しくは後述するが，簡単にいうと，客観的に法に反するか否かのみで国家賠償責任の成立を判断するということである。そうすると，賠償責任の成立は，主観的過失要素の存在を要件としないことから，かなり容易に認められることになる。このことは，国家賠償の総額を増大し，具体的な行為によって国家の経済・財政に過大な負担をかける危険性を生み出すことになる（94 年国賠法の制定当時に，特にこのことが問題として意識された）。そのため，賠償対象となる行為の範囲の定めは包括的な規定ではなく，具体的，限定的な規定によることが望ましいとされた。このような経緯から，94 年国賠法さらに 10 年国賠法では，後述のように違法として国家賠償の対象となる職権の行使の範囲について限定列挙を主たる方式として採用している。

3　違法性要件主義

　94 年国賠法の立法作業においては，国賠法の責任要件をめぐって激しい論争があった。諸外国の立法例を参照して，国家賠償請求権の成立要件として，違法性要件と並んで職員の故意・過失も要件とするべきとする過失責任主義の考えが主張される一方，他方で，過失要件事実の立証の困難性等から過失責任主義に対する批判とともに，行政訴訟における適法性審査制度との一貫性を重視する必要があるとの観点から，独自性ある国家賠償請求権の成立要件構成をつくるべきとする考えが主張された。結果としては，後者が採用され，中国特有の国家賠償請求権の成立に職員の故意・過失を必要としない違法性要件主義

（中国では「違法帰責原理」と呼ばれる）が採用された。

　違法性要件主義は，国家機関およびその職員が職務を執行するときの違法行為が国民や法人等の合法的権利・利益を侵害しかつ損害を与えた場合に国家が賠償責任を負わなければならないことを意味するといわれる[16]。すなわち，国賠法における賠償要件（法律要件）においては，1)違法性を主たる帰責事由（帰責事由・帰責原理という用語は，日本では故意・過失に関わるものとして使用される場合が多いと思われるが，本書では国家賠償を請求し得る根拠となる法的事由または原理は何かという意味で使用する。中国国家賠償法をめぐる議論の中で使用される帰責事由・帰責原理は，まさしくこの意味で使用されている）とすることとし，2)過失を要しないこととした[17]。

4　違法性の確認前置

　国家賠償請求の成立につき，職員の故意・過失の存在を要件としない違法性要件主義の下では，違法性の有無が極めて重要な意義を有することはいうまでもない（なお，違法性以外の国家賠償法上の請求成立要件については，第2章において紹介・検討する）。賠償請求方法でみたように，賠償責任の有無を判断する前提要件として，行政もしくは裁判段階での違法性の確認が要求されている。

　94年国賠法は，まず賠償請求人が賠償義務機関に違法性確認を申し立て，それに対する同機関の応答を得たうえで国家賠償請求手続き（訴訟外型または

16　羅豪才，袁曙宏「論我国国家賠償的原則」中国法学（1991年，第2期）64頁。

17　過失を要件としなかったことについては，当時の法官（裁判官）にとって，過失の判断より違法性の判断が容易であり，故意・過失の認定を要件としない違法性要件主義によることが救済範囲を広げることができるという考えがあったほか，次のような誤解が存在していたことも影響している。当時，中国では違法性に関する法理論的研究が開始されたばかりのところであり，違法性を完全な客観的判断要素であり，単なる実定法違反という意味で捉えていた。すなわち，その後の研究において理解されるようになる，違法性は単なる実定法違反のみでなく，注意義務違反を含むという理解が十分になされていなかった。また，この違法性の理解をめぐる誤解に言及した研究については，周漢華氏の論文があるが，そこでの指摘は，本章で指摘した誤解とは全く異なる視点からのものである。周漢華「論国家賠償的過錯責任原則」法学研究（1996年，第18巻第3期）138-139頁を参照。

訴訟型）が進められるという制度設計になっていた。そのため，既に紹介したように，賠償義務機関が何らの応答をせずに賠償手続きの進行を遅らせる事態が発生し，このことは94年国賠法が立法者や民衆の期待通りに機能しなかった最大の原因となったといえる。

　そこで，10年国賠法は，このような内容をもつ違法確認前置制度を廃止したが，別の内容をもつ違法確認前置制度は存在している。

　つまり，前述の「賠償請求方法の多様なルート」で紹介したように，賠償請求が認められるためには，何らかのかたちで職員の行為の違法性が確認されなければならない。10年国賠法では，行政機関（賠償義務機関や不服申立ての審査機関）で違法性が確認されない場合のみでなく，行政機関からの応答を待つことなく直接に行政訴訟によって国家賠償請求訴訟に進むために必要な違法性確認がなされるルートが設けられることになった。94年国賠法の救済を妨害する手法としても使われた違法確認前置制度は廃止されたが，行政訴訟の前置という意味で違法性確認の前置という制度は残されたといえる（行政訴訟と国家賠償請求訴訟が合併して提起される場合も，制度的には違法性確認前置制度の下にあると整理できる）。

5　機関賠償主義

　中国国賠法の特徴として，機関賠償主義を挙げることができる。中国国賠法は，職権を行使した職員の属する行政機関を国家賠償請求の被告とするばかりでなく，この機関が賠償金を支払うと定めている。この賠償金の原資ともいうべきものは，国家賠償費用管理条例（2011年制定）に基づき（第3条第1項「国家賠償の費用は，各級人民政府が財政管理の体制に従って階級別に支払いの負担をする」）地方政府が負担することになるが，国家賠償訴訟の被告や賠償金の支払いについて，賠償請求人と直接に対応するのは職権を行使した行政機関である。このような賠償責任を負う国家機関は賠償義務機関と呼ばれる。このことから，これを「機関賠償主義」として整理することができよう。

　なお，国賠法は，まず賠償請求を賠償義務機関に申し立てるべきことを定めているが（第9条，第22条），行政賠償については第6条，刑事賠償・司法賠償については第21条で行政機関と並んでそれ以外の賠償義務機関が具体的に列挙されており，これによれば行政機関以外の組織が国家賠償訴訟の被告と賠償金の支払いにつき，賠償請求人との直接的対応の役割を担うこととなり，ここでも機関賠償主義の運用がなされているといえよう。なお，国賠法第2条は，行政機関を含むすべての賠償義務機関を指すものとして「国家機関」という用語を使用している。

6　営造物の設置・管理の瑕疵の民事賠償

　中国においては，公務員の権限行使による損害があるほか，公の営造物の設置・管理の瑕疵による損害もある。中国法では，「営造物」という表現をとらず，「公共施設」という表現を使用している。中国では，所有につき，(イ)国家所有，(ロ)集団所有（農村部で農民の集団が総有すること），(ハ)私人所有という3つ形態がある[18]。「公共施設」の所有は，(ハ)を除き，(イ)と(ロ)という2つの形態を含む。(イ)の形態における「公共施設」は，「国有公共施設」と呼ばれる。(イ)の形態における「公共施設」（国有公共施設）に，(ロ)の形態における「公共施設」を加えて，それらは「公有公共施設」と総称される。そして，本章では，この「公有公共施設」という意味で「公共施設」という用語を使用する。

　公共施設の設置・管理の瑕疵により発生した損害に対する賠償に関する裁判例が，「94年国賠法」の制定前の1988年に既にみられる。当該裁判例は，強風により樹木が倒れて歩行者が負傷した事例である。当時，人民法院は，民法（「民法通則」）を適用して，公共施設である道路の管理者に損害賠償責任を認め

18　中国では，農村部で農村集落が持ち分を持たないで土地を共有（総有）する所有形態は集団所有と呼ばれ，集団所有と私人所有以外の所有の形態は，国家所有と呼ばれる。これらの概念については，楊官鵬『日中の土地収用制度の比較法的研究』（プログレス，2017年）39頁以下を参照。

た。その後，94 年国賠法の立法の際には，国賠法に公共施設に関する規定を入れるか否かについて議論があった。結果としては，民法で対応し，国賠法の賠償範囲に入れないとされた。それは，公共施設の設置・管理の瑕疵による損害が，違法な職権行使によって発生するものではないからである。また，国賠法の賠償範囲に入れなくても，被害者は，民法の規定を通じて管理責任のある企業・組織に賠償を請求できる。そして，10 年国賠法においても，これに関する改正はなされず，民法による処理が維持されることになった。

　現在，中国における公共施設の設置・管理の瑕疵による損害に対しての賠償は，未だに民法で処理されている。そして，民法では過失責任主義がとられているため，公共施設の設置・管理の瑕疵による損害に対する賠償についても，過失要件の充足が求められる。また，民法で対応すると，その賠償金は，国家賠償の費用に属さないことから，地方政府ではなく，加害者である機関の自らの経費から支払わなければならない。しかし，公害事件のような巨大な損害をもたらした場合には，機関自体の財力のみでは被害者を十分に救済できないという問題が生じる。

第3節　国家賠償にかかる法源

　上述のように，中国の国賠法は違法性要件主義を採用し，違法性を主たる賠
償責任成立の判断内容としている。そして，違法性の判断については，違反す
る法の範囲が重要な問題となる。そこでの法は如何なるものを含んでいるか
は，国家賠償の法源は何かということである。法源とは，一般的には裁判官が
裁判するに際し，拠りどころとなしうる規範の形式を指すと定義される[19]。そ
して，ここでの規範形式に当たるものとしては，中国では制定法とそれに準ず
る規範がある。中国の国家賠償では，制定法に準ずる規範として，中国最高人
民法院・最高人民検察院が出した法の適用に関する多くの「解釈」（司法解釈）
が重要なものとなる。この「解釈」は，その法的性格は司法機関の内部通達で
あるが，裁判実務に巨大な影響を与えているため，法に準ずる拘束力を有する
ものと理解されている。そのため，本書では，このような制定法でないけれど
も法と同様な拘束力がある司法解釈を「法に準ずる規範」と称する。さらに，
中国での判例は，実定法のような規範に当たらないが，実務でそれに準ずる効
果がある。そのため，本書では判例を法源に含めて考えていくこととする。そ

19　五十嵐清『法学入門』一粒社（1979 年）48 頁。行政法の観点からは，行政の組織およ
　　び作用に関する法の存在形式を指すとの定義がなされる。行政法における日本の法源論に
　　ついては，塩野宏『行政法 I（第 6 版）』有斐閣（2015 年）61 頁参照。
20　同旨の理解を示すものとして，馬懐徳編『完善国家賠償立法基本問題研究』北京大学出版
　　社（2008 年）65 頁〔高家偉執筆〕，薛剛凌『国家賠償法』中国政法大学出版社（2011 年）15
　　頁以下〔薛剛凌執筆〕，房紹坤・畢可志編『国家賠償法学第 2 版』北京大学出版社（2011 年）
　　11 頁〔房紹坤執筆〕，祁希元編『中華人民共和国国家賠償法概論』雲南大学出版社（2010 年）
　　32 頁以下〔楊臨宏執筆〕等がある。国家賠償の法源論の詳細については，馬懐徳『行政法
　　与行政訴訟法第 5 版』中国法制出版社（2015 年）339 頁以下（本書では，以下，「馬・行政
　　法」と表記する）を参照。

こで，本書での国家賠償にかかわる法源は，制定法，法に準ずる規範，判例を
含むことになる[20]（中国法の理解にあたっては，この法源の複雑な構造の正確な把
握が必須の前提作業となるが，以下での法源に関する叙述は，本書での国家賠償法
制の分析や後に紹介する具体的国家賠償事例の理解に必要と思われる範囲にとどめ
ることとする）。

　　(注)　中国の法源論については，以下で簡略化して紹介したつもりであるが，それでも複雑
　　　　であることは否めず，この法源論の部分の理解は後回しにして，その先に読み進んでい
　　　　ただいてもよいと思われる。

1　制定法

　まず，本書でいう制定法は，立法活動によって制定されるものである。それ
は，(イ)憲法，そして『立法法』が規定する(ロ)法律，(ハ)法規（行政法規，地方性
法規，規章等）を含む（立法法第2条）[21]。この三者の中では，憲法が法律の上

21　立法法第2条第1項は，「法律，行政法規，地方性法規，自治条例と単行条例の制定・
　　改正および廃止については，本法を適用する」と規定している。そして，同条第2項は，
　　「国務院の部門規章と地方政府の規章の制定・改正および廃止については，本法の関係規
　　定に従って執行する」と定める。そのため，規章も立法法が規制する規範である。これら
　　の規定から，中国の法源は，憲法のほか，法律，行政法規，地方性法規，自治条例・単
　　行条例（少数民族が多い省の特有のもの），規章の制定を含む。つまり，これらによる規
　　範が立法法により法源性を有することが明示されているといえる。これらのうち，行政法
　　規，地方性法規，自治条例または単行条例，規章は，行政機関または地方の人民代表大会
　　が制定するものであり，これらは憲法や法律と区別して「法規」と呼ばれる。
22　憲法は，中国の法体系の中で効力順位の頂点にある。これにつき，立法法第87条は，
　　「憲法が最高の法的効力を有しており，全ての法律，行政法規，地方性法規，自治条例・
　　単行条例，規章が憲法に抵触してはならない」と規定している。
23　法律の立法権限は，立法法第7条で規定されている。同法第7条第2項は，「全国人民
　　代表大会が刑事，民事，国家機構またはその他の基本的法律の制定・改正を行う」と規定
　　している。ここでいう基本的法律とは，民法，刑法等のような重要な法律を意味する。同
　　条第3項は，「全国人民代表大会常務委員会は，全国人民代表大会が制定すべき法律以外
　　の法律の制定・改正を行う。全国人民代表大会の休会期間内には，その常務委員会は，全
　　国人民代表大会が制定する法律について一部補充・改正を行う。ただし，その補充・改正
　　は当該法律の基本原則に抵触してはならない」と定める。
24　法律と法規の効力順位について立法法第88条第1項は，「法律の効力が行政法規，地方
　　性法規，規章に優位する」と規定している。

位法であり（同法第 87 条）[22]，全国人民代表大会またはその常務委員会が制定する法律（同法第 7 条）[23] は法規の上位法となる（同法第 88 条第 1 項）[24]。ここでいう㈠法規の定義と内容は，日本法での講学上の「法規」と異なる点に留意する必要がある。

　法規の中では，それぞれの間にも上下関係が存在する。国務院が制定する行政法規（同法第 65 条第 1 項）[25] は，地方性法規，自治条例，単行条例，および規章の上位法である（同法第 88 条第 2 項）[26]。さらに，地方性法規（同法第 72 条第 1 項）[27] は，本級または下級の地方政府（行政機関）の規章の上位法である（同法第 89 条第 1 項）[28]。ここにいう規章には，国務院に所属する組織の部門規章（同法第 80 条第 1 項）[29] と，地方の人民政府の地方政府規章（同法第 82 条第 1

25　行政法規の立法権限は，立法法第 65 条に基づき，国務院にある。立法法第 65 条第 1 項は「国務院は憲法と法律に基づき，行政法規を制定する」と規定する。

26　これについて立法法第 88 条第 2 項は，「行政法規の効力が地方性法規，規章に優位する」と規定している。同項では，自治条例または単行条例に言及していないが，立法法第 75 条によれば，自治条例または単行条例の立法権限は，地方の人民代表大会にある。つまり，自治条例または単行条例の制定主体は，地方性法規の制定主体と同じく省級または地区級の人民代表大会である。このことから，自治条例または単行条例の効力順位が地方性法規と同順位であるといえる。ただし，自治条例または単行条例は，少数民族が多い地域の特有な事情に応じて行政法規・地方性法規の規定と異なる内容を定めるものである。このことから，地方性法規にとって，自治条例または単行条例は特別法であり，この特別法が優先的に適用されることになる。

27　地方性法規は，省級人民代表大会またはその常務委員会が制定する法規範である。この地方性法規は，これよりも上位にある法を具体化するという性格のものではないが，その規定は上位法との抵触は認められない。これにつき，立法法第 72 条第 1 項は，「省，自治区，直轄市の人民代表大会またはその常務委員会は，その行政区画の具体的な事情もしくは実際の重要性に応じて，憲法・法律・行政法規と抵触しないという前提の下で，地方性法規を制定することができる」と規定している。

28　これについて立法法第 89 条第 1 項は，「地方性法規の効力は，本級または下級の地方政府の規章に優位する」と規定している。ここで，例を挙げて説明すれば，江蘇省の人民代表大会が制定する地方性法規は，江蘇省人民政府が制定する規章または江蘇省の下級政府の 1 つである南京市人民政府が制定する規章の上位法である。

29　部門規章は，文字通り，国務院の「部門」，いわば国務院に所属する組織が制定する規則である。それにつき立法法第 80 条第 1 項は，「国務院の各部，各委員会，中国人民銀行，会計検査署または行政管理の権限を持つ直接に属している組織は，法律と国務院の行政法規・決定・命令に基づいて，その権限の範囲内において規章を制定することができる」と規定している。

項)[30] という2種類がある。地方政府規章は，地方政府（地方行政機関）が制定する規則であり，いわば前述の「本級または下級の地方政府の規章」である。部門規章は，国務院に所属する組織が制定する規則である。制定主体に焦点を当てて，その行政階級からみれば，地方性法規の制定主体の階級が省級になり，国務院の一級下である。そして，部門規章の制定主体の行政階級も同じく国務院の一級下である。ここで，地方性法規と部門規章との間に抵触が生じる場合には如何に処理すべきかという問題がでてくる。これについては立法法第95条が，「地方性法規と部門規章との間で同一の事項に対する規定が一致せず，如何に適用するかを確定できない場合には，国務院が意見を提出するとする。国務院が地方性法規を適用すべきとする場合には，当該事項につき，地方性法規の規定を適用しなければならない。国務院が部門規章を適用すべきとする場合には，全国人民代表大会常務委員会に裁決を求めなければならない」と規定している。要するに，地方性法規と部門規章との衝突については，国務院が優劣を決める。

　法規の中での各規範の効力順位が上述のようになるので，法源としての適用は，その順番にしたがって行われることになる。そして，(イ)憲法，(ロ)法律，(ハ)法規の中での，国家賠償に関する法源の具体的内容は，以下のようになる。

　(イ)　憲法については，同法第41条で国家機関およびその職員の権利侵害行為による損害賠償責任が規定されている。

　(ロ)　法律については，国賠法をはじめ，民法，89年行政訴訟法，監察法等がある。国賠法が国家賠償について体系的に規定している。その他に民法，89年行政訴訟法，監察法等は，国家賠償に関する規定を置く。たとえば，民法通則の第121条，89年行政訴訟法の第67条〜第69条，監察法の第67条[31] がそれである。

30　地方政府規章は，省級の人民政府（行政機関）が制定する規則である。それにつき，立法法第82条第1項は，「省，自治区，直轄市と区を持つ市，自治州の人民政府は，法律，行政法規とその省・自治区・直轄市の地方性法規に基づいて，規章を制定することができる」と規定している。ここで列挙された制定主体の中では，省，自治区，直轄市が省級行政機関の名称であり，区を持つ市と自治州が省級の下級たる地区級行政機関の名称である。

㈩　法規は，前述のように，行政法規，地方性法規，自治条例，規章を含む。その中の行政法規は，日本での政令に相当するものであり，具体的な形式として「条例」，「規定」，「弁法」等という名称で表記されている。たとえば，国務院の「国家賠償法費用管理条例」がそれである。地方性法規は，地方公共団体が制定する法律（日本では「条例」）に相当するが，中国では地方と国家との関係が上下関係にあるので，法律ではない。たとえば，「重慶市の『中華人民共和国国家賠償法』の実施の弁法」がそれである。規章につき，部門規章が日本の省令にあたるものであり，地方政府規章が日本の地方公共団体の施行令にあたるものである。たとえば，公安部の「留置所条例の実施の弁法」が部門規章であり，江蘇省人民検察院・江蘇省公安庁，江蘇省民政庁，江蘇省司法庁の「受刑者が監獄で死亡した場合の処理に関する規定」が地方政府規章である。

㊟　国際条約については，その適用が「間接的適用を主とし，直接的適用を補充とする」ことになる[32]。つまり，国際条約の中国での適用は，国内法（中国法）において適用する具体的な条約の条文が明記されていることを前提としている[33]。そうでない場合には，条約は効力をもたず国内法が適用されることになる。

2　法に準ずる規範

　上述のように，中国では法源として，法に準ずる規範として司法解釈があるが，これについては，立法法第104条がその意義を定めている[34]。同条によれば，司法解釈は，最高人民法院または最高人民検察院が具体的な事件について適用される法律の解釈を公にするものである。それは，司法機関内部の通達にすぎず，本来は法的拘束力を持っていない。しかし，2009年の最高人民法院

31　監察法の第8章「法的責任」第67条は，監察機関およびその工作人員が職権を行使し，国民・法人またはその他の組織の合法的権利・利益を侵害し損害をもたらしたときは，法に従って国家賠償を与えると定める。

32　これについては，羅小源「国際条約在中国的適用」知庫時代（2017年，第5期）97頁を参照。

33　羅・前掲（注32）97頁を参照。

の定めた司法解釈である「最高人民法院の裁判文書において法律・法規等の規範性文書の引用に関する規定」（以下，『09引用解釈』という）は，刑事，民事，行政裁判において理由を説明する際には法律および法律の解釈または司法解釈を引用しなければならないと規定した[35]。これによれば，裁判活動においては，司法解釈が裁判の根拠になる規範と位置付けられるということができる。そのため，司法解釈は，法に準ずる効力を持つものであり，中国での法源の一つであるといえよう。

　最高人民法院・最高人民検察院の司法解釈は，裁判の根拠になりうるが，立法活動を通じて制定されるものではない。それにもかかわらず，なぜ最高人民法院以外の高級人民法院，中級人民法院，基礎人民法院での審理にも拘束的な影響を及ぼすのであろうか。その理由の一つは，裁判における人民法院の独立という制度によるものということができる。日本では，日本国憲法第76条第3項が裁判官の独立を規定しているのに対して，中国においては裁判官の独立

34　司法解釈は，最高人民法院（日本での最高裁判所に相当する）と最高人民検察院（同じく最高検察庁に相当するが，中国では検察が司法機関と位置づけられており，行政機関ではない）による，法の適用に関する解釈である。その内容は，立法法第104条に定めるところである。

　　立法法第104条「①最高人民法院・最高人民検察院は，裁判・検察活動において具体的な法律の適用について解釈する場合には，具体的な法律条文に焦点を当てて，立法の目的・原則および趣旨に合致しなければならない。本法第45条第2項に定める状況がある場合には，全国人民代表大会常務委員会に法律の解釈を求め，または法律の作成・改正の議案を提出しなければならない。

　　②最高人民法院・最高人民検察院は，裁判・検察活動において具体的な法律の適用について解釈する場合には，それを公布した日から30日以内に全国人民代表大会常務委員会に届け出なければならない。

　　③最高人民法院・最高人民検察院以外の裁判機関・検察機関は，具体的な法律の適用について解釈してはならない。」

35　『09引用解釈』は，裁判文書で判決の根拠を示すことに関する司法解釈である。その第2条は，「並列して複数の規範性ある法律文書を引用する場合，引用の順番は，法律および法律の解釈，行政法規，地方性法規，自治条例あるいは単行条例，司法解釈という順番によるものとする」と規定する。ここで，順位が低いが，司法解釈が裁判根拠の一つとして列挙されている。さらに，その第5条は，「行政裁判の文書は，法律，法律の解釈，行政法規または司法解釈を引用しなければならない」と定める。つまり，行政訴訟の裁判では，司法解釈が裁判官の法的判断の根拠の一つとされている。

ではなく，人民法院の独立という法体系が採用されている（憲法第 126 条，人民法院組織法第 4 条) [36]。人民法院の独立のもとでは，裁判官が個別の事件の裁判を担当するが，その裁判官としての活動は審判委員会の監督のもとに置かれている（人民法院組織法第 10 条，第 13 条第 1 項) [37]。さらに，上級の人民法院 [38] は，下級人民法院に対して監督権を有する（憲法第 127 条第 2 項) [39]。そして，その監督の権限に基づいて，上級人民法院は，下級人民法院の判決に対して自らの判断で破棄自判をおこなうことができる（人民法院組織法第 13 条第 2 項) [40]。そのため，最高人民法院は，下級審での人民法院の司法解釈に従わない判決を是正することができる。これによれば，人民法院は，最高人民法院の司法解釈に従わなければならないことになることから，最高人民法院の司法解釈は，裁判の基礎となる法に準ずる規範として法源としての性格を有することになる。

36　中国では，裁判官の独立ではなく，いわば裁判所の独立が採用されている。それを明示しているものが「憲法」と「人民法院組織法」である。憲法第 126 条は，人民法院は法律に従って独立して審判権を行使し，行政機関・社会団体・個人の干渉を受けないと定める。人民法院組織法第 4 条は，憲法第 126 条と全く同様な規定を置いている。

37　中国では裁判官の独立が認められていないので，裁判官の裁判活動の監督のために審判委員会という組織が設置されている。その組織につき，「人民法院組織法」第 10 条は，「各級人民法院は，審判委員会を設置し，民主集中制を施行する。審判委員会は，裁判経験をまとめ，または重大もしくは複雑かつ困難な事案またはその他の裁判に関する問題の検討を任務とする」と規定している。さらに，同法第 13 条第 1 項は，「各級人民法院の院長は，本院において既に効力が生じた判決・裁定に対して，事実認定または法の適用についての確実な誤りを発見した場合には，審判委員会に提出して処理を求めなければならない」と定めている。つまり，裁判官の裁判活動は，その所属たる人民法院の院長および審判委員会の監督のもとにある。

38　中国では，人民法院について，中央から地方まで，組織的な上下の階級的順番として，最高人民法院，高級人民法院，中級人民法院，基礎人民法院という 4 級を設置している。最高人民法院は一番上の級であり，基礎人民法院は一番下の級である。

39　憲法第 127 条第 2 項は，最高人民法院は地方各級人民法院および専門人民法院の裁判活動を監督し，上級人民法院は，下級人民法院の裁判活動を監督すると定める。

40　人民法院組織法第 13 条第 2 項は，最高人民法院が各級人民法院に対して，または上級人民法院が下級人民法院に対して，既に法的効力が生じた判決・裁定について，確実な誤りを発見した場合には，破棄自判し，または破棄して下級人民法院に差し戻す権限を有すると定める。

3　裁判例

　中国は英米法系のような判例法主義を採用していない。つまり，裁判例は，原則として法源性を有していない。しかし，上記のように最高人民法院は，各級人民法院に対して監督権を有している。さらに，最高人民法院は，いわゆるリーディングケース制度（中国語で「案例指導」という）を導入した（「最高人民法院の『案例指導活動に関する規定』を印刷し配布することに関する通知」（以下，「リーディングケース通達」という）の第2条がリーディングケースの概念を規定している）[41]。同通達の第7条は，同類型の事件について，リーディングケースを参照しなければならないと規定する[42]。

　要するに，リーディングケース制度とは，最高人民法院が事件を類型化したうえで，各類型における典型的な判決を抽出して，それを同類型の事件の裁判での参照判例としなければならないとするものである。この制度の根拠は，最高人民法院は，監督権を行使することで，下級審での人民法院のリーディングケースと相容れない判断に対して，是正権を有することができるということにある。

　したがって，リーディングケース制度の下でのリーディングケースは，裁判所の判断を拘束する機能を有している。この意味で，リーディングケース制度でのリーディングケースが法源の一つであるといえる。

41　リーディングケース通達第2条「本規定でいうリーディングケースは，既に法的効力が生じ，かつ次に掲げる要件を満たす事件を意味する。
　一　社会で広汎な注目を浴びている。
　二　法律の規定が原則的で抽象的である。
　三　典型的なものである。
　四　複雑または新たな類型である。
　五　その他の指導的な作用がある事件である。」
42　リーディングケース通達第7条「最高人民法院が公開したリーディングケースに関して，各級人民法院が類似する事例を審理するときに，それを参照しなければならない。」

(注)　裁判例については，各判決に記号（中国語で「案号」という）がついている。その記号に基づいて，その判決を特定することができる。判決の記号の付け方については，司法解釈である「最高人民法院の人民法院の事件の案号に関する若干規定」（以下，「案号解釈」という）の定めがある[43]。

43　本書においては多数の判例を引用・紹介することになるため，この案号の付け方を紹介しておこう。その付け方の主要な方法は，以下の案号解釈第2条と第3条に定められている。

　案号解釈第2条「①案号の基本的要素は，受理の年度，人民法院の示す文字，類型を示す文字，事件の整理番号を含む。

　②受理の年度は受理する陽暦の年度であり，算用数字で表示する。

　③人民法院を示す文字は，事件の担当人民法院の簡略化した標識であり，中文漢字または算用数字で表示する。

　④類型の示す文字は，事件の類型の略称であり，中文漢字で表示する。

　⑤事件の整理番号は，事件を受理する順番の記号であり，算用数字で表示する。」

　同解釈第3条「①案号の各要素の並び順は，受理の年度→人民法院を示す文字→類型を示す文字→事件の整理番号になる。

　②各事件の案号は，唯一性を有しなければならない。」

第２章　行政賠償

　中国国賠法の賠償範囲は，上述のように，行政賠償，刑事賠償，司法賠償に分かれる。そして，その中の行政賠償については，「10 年国賠法」の第 2 章で規定されている。刑事賠償については同法第 3 章で規定され，司法賠償については同法第 38 条で刑事賠償に関する規定を準用するとされている。さらに国家賠償法は，賠償範囲のほか，賠償責任の方法と算定基準も規定している。

　本章では，まず行政賠償における賠償責任成立の要件の全体を概論したあとで，その個別の要件を個別的に紹介・検討してゆく。

　ここで紹介する賠償責任成立の五要件は，行政賠償のみならず，刑事賠償・司法賠償にも基本的に必要とされる。

第 1 節　賠償責任成立に関する五要件説と違法性

　中国国家賠償責任成立の要件については，四要件説が通説であり[44]，裁判実務においても表現が多少異なる場合もあるが[45]，「主体」，「行為」，「損害」および「因果関係」からなる四要件説が採用されているといえる[46]。国賠法第 2条からして，四要件説は確かに自然な理解のように見える。94 年国賠法第 2条第 1 項は，「国家機関およびその職員が違法な職権の行使について，国民，法人またはその他の組織の合法的権利・利益を侵害し，損害をもたらした場合には，被害者は本法によって国家賠償を取得する権利を有する」と規定する。

44　沈巋『国家賠償法—原理和案例』北京大学出版社（2011 年）115 頁参照。

45　行政賠償については，筆者が集めた事例からみれば，行政賠償を「行政権利侵害賠償」と称するものが少なくない。そして，要件については，通説の四要件説と一致しない判例も少数ながらみられる。たとえば，（2015）慶中行終字第 6 号判決と（2015）麦行初字第 7号判決がそれである。

　　（2015）慶中行終字第 6 号判決においては，「行政賠償権利侵害責任は 5 つの要件からなる。すなわち，1 権利侵害主体が行政機関およびその職員，2 権利侵害行為が職権の行使の中で発生した行為でなければならない，3 加害行為は違法でなければならない，4 法が規定する損害事実が存在しなければならない，なお法が規定する損害事実とは損害を被った利益が合法的利益でなければならない，5 違法に職権を行使する行為が損害事実との間に法律上の因果関係が存在する」と判示している。（2015）麦行初字第 7 号判決は四要件を示しているが，「行政権利侵害賠償責任は以下の構成要件を備えなければならない：1 行為の違法性，2 損害事実の存在，3 権利侵害行為と損害事実の間に因果関係がある，4 行為者に主観的過失がある」として，通説の四要件説とは異なる四要件説（行為者の主観的過失を要件として要求している）に立っている。

46　四要件説の主張については，張正釗，胡錦光主編『行政法与行政訴訟法』中国人民大学出版社（2015 年）188 頁以下。張樹義『行政法与行政訴訟法学』高等教育出版社（2007 年）319 頁以下。祁希元主編『中華人民共和国国家賠償法概論』雲南大学出版社（2010 年）69頁以下。馬懐徳主編『完善国家賠償立法基本問題研究』北京大学出版社（2008 年）104-105 頁。姜明安主編『行政法与行政訴訟法』北京大学出版社／高等教育出版社（2015 年）557 頁以下等参照。

　この規定の「国家機関およびその職員」が主体要件を指し，「違法な職権の行使」が行為要件，そして「損害」が損害要件である。そして，行為と損害結果の間に因果関係が必要であることは当然のことであるから，因果関係も要件に加えられることになる。2010年法改正で上記の第2条第1項は，「国家機関またはその職員が職権の行使について，本法の規定する国民，法人またはその他の組織の合法的権利・利益を侵害し，損害をもたらした場合には，被害者は本法に従って国家賠償を取得する権利を有する」とされたが（94年国賠法の行為要件にあった「違法な」という文言が2010年改正法では削除されている），それは，賠償責任成立の通説たる従来の四要件説に影響を及ぼさないと理解された。

　さて本書では，中国国家賠償法の定める賠償責任成立要件について，五要件説に立っている。その理由は以下に示す通りであるが，四要件説には明示的に存在しない「合法的権利・利益の侵害要件」を独立の要件として抽出し，従来の四要件に加えて五要件としたものである。

　本節では，まずは(1)主体，(2)行為，(3)合法的権利・利益侵害，(4)損害，(5)因果関係という五要件の全体概要を紹介した後に，「合法的権利・利益の侵害要件」を新しく追加した理由，さらには，その要件と違法性との関係について述べることとする。個々の要件の詳細は次節にて解説する。

1　五要件説の概要

(1)　主　　体

　主体要件は，国家賠償を負う主体（法主体）になるために有しなければならない要件，すなわち賠償責任を負う賠償義務機関と認定されるための要件である。言い換えれば，主体要件は，如何なる組織（およびその職員）の行為が国家賠償責任を惹起するかの判断に関わるものである。中国国賠法の第1章総則の第2条では，「国家機関およびその職員」と規定しているが，その後の行政賠償の章（国賠法第2章）および刑事賠償の章（国賠法第3章）では，その組織

の範囲を限定する定めを置いている。その限定によれば，国賠法の主体要件に該当するのは，行政機関と司法機関（司法活動に従事する際の公安局，人民検察院，人民法院，監獄）のみであり，立法機関を含まない。

(2)　行　　為

　行為要件は，行政機関が国賠法上の主体が行った如何なる行為に対して賠償責任を負うかに関するものである。職員の私的行為による損害が国家賠償の対象から除外される（国賠法第 5 条第 1 号，第 19 条第 4 号）ため，ここでいう行為は，まず，賠償義務機関の職務行為でなければならない。さらに，賠償義務機関の職務行為は法に違反するものでなければならない。しかし，違法な職務行為に関わる損害が被害者の自己行為を原因とするものであり，または法定の免責事由がある場合，違法な職務行為による国家賠償責任が問われることはない。つまり，中国国賠法での行為要件の該当性は，職務行為，違法な行為，免責事由がないという 3 つの要素を満たさなければならない。

(3)　合法的権利・利益侵害

　合法的権利・利益侵害要件は，通常の四要件説に含められていない要件である。本書では，国賠法第 2 条で掲げる「合法的権利・利益侵害」という文言に基づき，「合法的権利・利益侵害」を独立な要件として提唱するものであるが，この要件の意味と有用性については後に詳しく述べる。

(4)　損　　害

　損害は，行政機関が国民・法人・その他の組織にもたらした不利益の結果である[47]。そして，国賠法第 36 条第 8 号にも規定されているように，損害賠償の対象となる不利益の結果とは，違法行為によって直接に生じた損失に限られている。同法第 3 条，第 4 条，第 17 条，第 18 条は不利益の結果として生じる態様についても規定しているが，それによれば，不利益の結果としての損害は，身体の不自由，負傷，障害，死亡，財産の毀損・滅失，精神的な損害等を含む。しかし，それは，反射的利益の侵害を含まないとされている。

47　馬懐徳『国家賠償法学（第 2 版）』中国政法大学出版社（2007 年）

　また，精神的損害に対する賠償（慰謝料）が，2010年法改正で新たに加えられた。国賠法第35条は，精神的損害を適用する場合を同法第3条，第17条で規定する人身権が侵害される場合に限定している。同法第3条，第17条でいう人身権は，人格権と異なり，そもそもは精神的権利・利益を含んでいない。このことから，国賠法第35条で規定される精神的慰藉料は，特別規定であり，人身権侵害に伴う精神的不利益の発生が必要とされ，しかもその侵害の度合いが重大である場合にのみ認められる。

⑸　因果関係

　因果関係要件は，行為要件に該当する違法行為と国賠法で規定される損害の間に因果関係がなければならないとする。因果関係に関する問題についても，後で詳述する。

2　合法的権利・利益侵害の要件とその有用性

　上記の五要件のうちの合法的権利・利益侵害の要件は，通説では独立の要件として取り上げられていない。本書が，合法的権利・利益侵害の要件を独立の要件として抽出する理由は以下のとおりである。

　中国では特色ある社会主義体制をとっているため，個人の利益より集団または公共の利益が優先される。このような思想は，憲法にも反映されている。中国の憲法第51条は，「中華人民共和国の国民は自由・権利を行使するに際して国家，社会，集団の利益およびその他の国民の合法的自由・権利を害してはならない」と規定している。そのほか，「中華人民共和国民法典」（以下，民法典という）第132条は，「民事主体は，民事上の権利を濫用して国家の利益，社会公共の利益または他人の合法的権利・利益を害してはならない」と規定している（ここでの民事主体とは，民法上の法主体となりうる者という意味である）。これらの規定からしても，中国の法体系や，個別の法の構造を理解するうえで，この公共利益の優先という理念は極めて重要な意味を有している。実際，中国の国賠法でも，法律中に公共利益の優先原則が明文で規定されているわけでは

ないが，この原則が条文解釈や紛争事例における解決基準の作成にとって重要
な機能を果たしてきている。しかし，中国での従来の学説は，国家賠償責任の
成立の要件を考える際，この公共利益の優先原則の位置付けが曖昧であったよ
うに思われる。

　実務においては，国家の損害賠償・損失補償に関する訴訟の中で，公共利益
の考慮が判決の結論に決定的な影響を与えている事例が少なからず見られる。
以下の土地収用にかかる判決は，その影響が明確に見られるものである。土地
収用について，土地管理法第 2 条第 4 項は，「国家は，公共利益のために法律
に基づいて土地に対して収用または使用をすることができ，かつこれに対して
補償をする」と規定している。それによれば，「公共利益のため」は，土地収
用の権限を発動するための要件である。また，改正された 2017 年行政訴訟法
（以下，「行訴法」という）第 74 条第 1 項第 1 号は，行政行為について，「行政
行為が法に従って取り消されるべきである場合に，それを取り消すことによっ
て，国家の利益，社会・公共利益に重大な損害を与える」場合には，取消判決
ではなく，違法性を確認する判決にとどめると規定している。この規定も公共
利益の優先原則の考え方が基礎にある。

【浙江省高級人民法院 2018 年 12 月 17 日判決】[48]

　被告である S 省政府（以下，Y という）の行った建設用地計画の許可（以下，
「本件許可」という）にもとづき農民である原告 X の農地への土地収用（以下，
「本件収用」という）がなされた件で，X は損失補償を受領しながらも，それで
は発生した損害を填補するには不十分として，不足する損害額に対応する行政
賠償を求めて国家賠償訴訟を提起した。

　この訴訟提起の前提として，X は国務院に不服申立てを行い，国務院は本件
許可の権限は S 省政府にはないとして，本件許可は違法であることを確認した
が，取消決定は出さなかった。その理由は，損失補償を X が受領していること
と，すでに被収用土地上での建設が始まっており，取消しによる原状回復を認

48　当該事例の番号は，（2018）浙行賠終 33 号である。

めることになれば，それによって公共利益が損なわれることになるというものであった。Xは，この国務院の不服審査決定（違法確認決定）を受けてYに行政賠償を請求したが認められなかったので，Yを被告として国家賠償請求を提起した。

　この国家賠償請求訴訟において第二審は，本件許可は違法であることが確認されているが，取消決定が出ていないことから本件許可の効力は存続しており，その存続する効力のもとでなされた土地収用には，合法的権利・利益の侵害はない（判決文では単に，本件認可に基づいて執行できる，と表現されている）として，Xの請求を認めなかった。

　本件においては，収用の許可が違法である場合には，行政訴訟の段階で収用が取り消されるべきであったにもかかわらず，公共利益の考慮によって違法性は確認されたが，取り消されていない。さらに，本件行政賠償訴訟の段階では，本件許可が取り消されていないため，その効力が存続しているとされた。そうすると，本件許可に基づく損失補償の効力も，存続することになる。結果としては，被収用者である原告は，違法行為による損害賠償の事件でありながら，公共利益の優先という観点から，（原告には不満な額の）損失補償しか取得できないことになっている（損失補償は，本来は適法行為によって発生した損害に対するものである）。また，この公共利益のためというのは，土地収用権限の発動要件でもある。そのため，土地収用の執行手続きが終了してしまえば（もしくは一定の程度，進行していれば），公共利益の優先という観点から，違法な処分によるものであっても，その効力は影響を受けない。一般的に公益性が高いとされる土地収用のような場合には，公共利益の存在によって，行政訴訟の段階での違法性の確認判断が，国家賠償制度にとって意味のないものになっている。このことから，国賠法の理解の観点からは，国賠法第2条の定める「合法的権利・利益」の侵害について，重要な判断要素としての公共利益の考慮がなされると理解すべきものと思われる。国家賠償制度にとって公共利益という要素の配慮がもつ重要性を考えれば，この配慮を含む「合法的権利・利益の侵害」を一つの独立した賠償責任成立のための要件として認識すべきである。こ

れを独立の要件と明示しない従来の四要件説では，公共利益の配慮という要素
の存在を明確に位置付けることができない。しかし，本書では，これを独立の
要件とするとしても，公共利益の優先を主張するものではなく，逆に「合法的
権利・利益の侵害」要件の検討の中で公共利益の問題を顕在化させ，過度の公
共利益の優先を再検討し，場合によっては，行政訴訟段階で取消判決でなく，
違法性の確認判決にとどまっている場合でも，損害賠償の観点から国家賠償訴
訟の段階で合法的権利・利益の侵害を認定する場合も考えられるものと思われ
る。

　したがって，本書では，賠償責任成立の要件が主体，行為，合法的権利・利
益の侵害，損害，因果関係からなるものと整理する。しかし，本書が主張する
五要件説は，従来の四要件説を否定するもの[49]ではなく，それを明確化，理
解しやすくさせるための工夫にすぎない。

3　違法性

　前項で国家賠償責任の成立のための五要件を概観したが，この中国国賠法に
ついての五要件の下では，合法的権利・利益侵害要件が違法性判断にかかわる
系譜であることから，本書の五要件説のもとでは，行為要件における違法性の
確認と合法的権利・利益侵害要件の関係を明確化しておく必要がある。

㈠　国賠責任の成立についての2段階判断

　中国国賠法での国家賠償請求方法としては，前述したように多様なルートが
存在している。どのようなルートが選択されるのであれ，国家賠償の成立のた
めには，損害を発生させた行為の違法性の確認と，それを踏まえての国家賠償

49　四要件説を否定し五要件説を提唱するものとしては，馬懐德氏の見解がある。馬氏は，
　主体要件，行為要件（その内容を職務執行，違法帰責原理・結果帰責原理とする），損害
　結果要件（人身・財産の不利益，因果関係），法律要件からなるという五要件説を主張し
　ている。馬・行政法(注20)358-376頁を参照。

責任の存在の2つが認められなければならない。訴訟外型であれ，訴訟型であれ，国賠責任の成立については，まず，違法性の確認が必要とされる。賠償義務機関に対して請求する場合でも，人民法院に国家賠償訴訟を提起する場合でも，違法性の確認は賠償責任の存在の判断を行うための前提になる。このことから，中国での国家賠償責任の成立のための判断過程は，違法性の確認段階と賠償責任の確定段階の2つの段階に大別することができる。

　さらに，多様な賠償請求ルートのうちの行政過程での手続きを経由しない訴訟型の場合には，違法性の確認が行政訴訟でおこなわれ，賠償責任の存在の判断が行政賠償訴訟でおこなわれる。

　訴訟外型の場合には，賠償義務機関が(イ)違法性の確認と(ロ)賠償責任の存在について審査を行う。賠償義務機関が(イ)と(ロ)の両方を認める場合には，賠償義務機関の審査過程は，違法性の確認段階と賠償責任の存在の2つの判断段階を含むことになる。(イ)を認め，(ロ)を認めない場合には，(ロ)をめぐって行政賠償訴訟を提起することになる。そのため，賠償義務機関の審査過程が違法性の確認段階になり，行政賠償訴訟が賠償責任の存在の判断段階ということになる。(イ)と(ロ)の両方を認めず，または返答しないタイプの場合には，結果的に訴訟型の訴訟に転換することになる。このタイプにおいては，違法性の確認段階が行政訴訟であり，賠償責任の存在の判断段階が行政賠償訴訟ということになる。

　刑事賠償・司法賠償にかかる救済ルートは，前述のように訴訟外ルートで処理される。賠償請求人が賠償義務機関の賠償決定に不服がある場合には，当該機関の一級上の機関への不服申立て，さらには人民法院賠償委員会への不服申立てというルートで紛争が処理される。刑事賠償・司法賠償では，国賠法の定める個別具体的な結果が発生すれば，あらためて違法性を問題とするまでもなく，損害賠償を認めるという，いわば結果違法的な形で明確に規定を構成していることから，通常は賠償責任の成立の違法性を改めて問い直す必要はない。

　ただし，刑事賠償についての国賠法第17条第5号は，「違法」に武器を使用することで国民に傷害・死亡をもたらした場合の賠償義務の成立，さらに同法第18条第2号は，「違法」に財産を差し押えた場合等についての賠償義務の成

立を規定しており，刑事賠償領域における賠償責任の認定過程に違法性の確認要素が存在している。この意味では，刑事賠償（司法賠償に準用）でも違法性の確認の判断と賠償責任の判断の2つの段階が存在しているともいえるが，以下に述べるような行政賠償における違法性確認（行政訴訟）と賠償責任の段階（国家賠償訴訟）との2段階構造のような複雑な問題は基本的に生じない。それは，刑事賠償の違法類型が個別具体的に極めて明確に（結果違法的構成で）定められていることからくるものである。

　そこで，以下では，行政賠償訴訟を対象としながら，その前提となる行政訴訟での違法性確認がどのようになされるのか，そして，その判決による確認方法の内容的差異が行政賠償訴訟にどのように影響するかを見てゆく。

㈡　行政訴訟における違法性の確認

　国家賠償請求につき，前述の意味での訴訟ルートが選択された場合には，まず，賠償請求の原因を生じさせた行政機関の行為の違法性が行政訴訟で確認されなければならない（この訴訟形態は，訴訟外ルートで賠償義務機関が違法性も賠償責任も認めない場合にも発生する）。

　この違法性の確認は，係争行政行為が法に違反するかを主たる判断の内容とする。判断の基準となる法は，法律とともに，中国でいう行政法規，部門規章，地方性法規，規範性文書等の成文的法源であるが，そこでの違法性判断は法文を厳格に解釈するのではなく，法の趣旨や目的から導きだされる広範な注意義務との関係での違法性判断を含む[50]。とはいえ，上述のように国賠法第3条，第4条は，国家賠償の対象となる違法行為を具体的に類型化して列挙している。このことから，行政訴訟における違法性の確認段階においては，まず，損害を生じさせたと主張されている行為が，国賠法第3条，第4条で列挙されている具体的な違法行為類型に該当するかを検討することになる。つまり，係争行政行為が違法な人身の自由に対する強制措置，暴力行為，違法な武器の使

50　杜儀方「行政賠償中的『違法』概念辨析」当代法学（2012 年，第 3 期）25 頁。

用，違法な財産に対する処罰または強制措置，違法な収用・使用に該当するか
否かを先に判断しなければならないし，損害を生じさせた武器使用や収用が
「違法」な権限の行使か否かが判断されなければならない。そして，結果とし
て損害を生じさせた原因であると主張されている行為が，法で列挙された行為
に該当せず，包括条項（第 3 条第 5 号，第 4 条第 4 号）でいう「その他の違法行
為」に該当するかが問題とされる場合，類型化されて列挙されている行為によ
るものではないだけに，そこでの違法性の確認にかかる判断は容易でない場合
があろう。その場合，いかなる法（の趣旨・目的）を根拠に，損害結果の発生
を阻止するための，いかなる内容の，いかなる程度の注意義務を導きだして違
法性を認定してゆくのであろうか。以下の事案での最高人民法院の判決は，判
決中では該当条文を明示していないが，国賠法第 4 条第 4 号の「財産損害をもた
らすその他の行為」にかかわる行政賠償として判断しているものといえよう。

【最高人民法院 2017 年 11 月 30 日判決】[51]

　賠償義務機関である G 省 N 市 K 区管理委員会（以下，Y という）は，G 省 N
市の授権によって建築に関する許可および違法な建築物に対する処罰の権限を
取得した。Y は，賠償請求人である G 省 N 市 K 区住民である原告（以下，X と
いう）が必要な許可を得ずに築いた養殖場を違法な建築物と認定し，それに対
して強制取壊しをおこなった。X は，Y の行為について，違法性の確認および
損害賠償を請求する訴訟を提起した。

　第一審の G 省 N 市中級人民法院は，強制取壊しにつき法的に要求される告知
をしないばかりか，強制執行決定もせずにおこなった Y の行為が手続的規範に
反する違法行為であるが，違法な建築物の損害に対して Y は賠償責任を負わな
いと認定し，X の請求を棄却した（以下，本件一審判決という）。

　第二審の G 省高級人民法院は，本件一審判決の事実認定を認めたうえで，「X
の養殖場にある他の動産（X の個人財産：筆者注）はその合法的な財産であり，
法の保護に値する」と認定したが，X がその合法的財産に関する損害を証明で

51　当該事件の番号は，（2017）最高法行再 68 号である。

きないことで，Ｘの賠償請求を棄却した（以下，本件二審判決という）。

　最高人民法院は，本件二審判決の事実認定を認めたうえで，建築物にあるＸ
の個人財産について，「Ｙは強制取壊しの過程で，法に従って適切な処置かつ証
拠保全をしなければならないのであり，法にしたがって当該過程中に慎重・適
切な注意義務を尽くし，Ｘの違法な建築物にある合法的な財産を明確に選別し
て適切な処置をしたことを証明しなければならない」と指摘し，Ｘの賠償請求
を認めるべきであるとした。最高人民法院は，本件二審判決の違法性の確認（違
法性を認めた）についての部分を維持したが，賠償請求の部分を破棄してＧ省
Ｎ市人民法院に差し戻す判決をした（以下，本件再審判決という）。

　上記の判決について，まず，行政訴訟と行政賠償訴訟の関係がどうなってい
るのかが問題となる。本件一審判決では，行政訴訟の段階では建築物の強制取
壊し権限の発動につき，事前手続きとして要求されている告知がなされていな
いことから，本件強制取壊しは違法であることを確認している。そのうえで，
強制取壊しの対象とされた建築物が無許可で建設された違法建築物であること
を認定し，違法建築物の強制取壊しによるＸの損害については賠償責任が生
じないと判示している。この本件一審判決は，行政訴訟での判断事項と行政賠
償訴訟での判断事項を区別している。

　本件二審判決は，強制取壊し権限行使の違法性を，単なる告知手続きの欠缺
という点のみでなく，違法建築物のなかにＸの法の保護に値する合法的な動
産が存在している場合には，取壊しにつき，その動産の保全措置をとる注意義
務がＹにはあるという観点からも問題にしている。そして，この本件二審判
決は，違法建築物内に置かれている合法的な動産の存在と，それにつき保全措
置がとられなかったことの立証責任はＸにあるとしたうえで，この立証責任
をＸが果たしていないと判示している。このことから，告知手続きの欠缺に
より強制取壊しの権限行使は違法であっても，行政賠償訴訟の段階では，違法
建築物の取壊しであることからＹに損害賠償責任は生じないという，結果的
には，本件一審判決と同様の結論に達している。

　これらの下級審判決に対して，本件再審判決は原審（本件二審判決）と同様

に注意義務の存在を認定したうえで，この注意義務に対応する保全措置等をおこなったことの立証責任は Y にあるとしている。そして，告知手続きの欠缺とともに，注意義務に相応する保全等の措置をとったことの立証がなされていないとして，この注意義務違反をも理由として本件強制取壊しの権限行使が違法であることを確認したものである。そのうえで，本件再審判決は，このような違法性の確認判決を基礎に国家賠償責任の存否を判断すべきとして，行政賠償訴訟を原審に差し戻したものである。

　ここで紹介した事例と判例で注目すべきは，第一に，違法性の確認をおこなう行政訴訟の段階での，その違法性の確認が実定法の明示的な法規違反のみでなく，当該実定法規の趣旨・目的から導かれる注意義務違反という基準でも審査されるという点である。第二に，行政訴訟段階での違法性確認が，告知手続きの欠缺ということのみで導かれる場合と，それのみでなく合法的な動産の保全義務に違反したことが加えられて導かれる場合とでは，その違法性確認を前提とする行政賠償訴訟での損害賠償義務の成立に大きな差異が生じうるということである。

　なお，本件一審判決で明確に理解できるように，行政訴訟の段階で賠償請求の対象とされている行為の違法性が確認されても，国家賠償訴訟（行政賠償訴訟）の段階で賠償責任五要件の充足が裁判所によって認定されなければ賠償請求は認められないということになる。本件一審判決の場合は，本書が採用する要件でいえば，違法な強制取壊しの対象とされた建築物が無許可の違法建築物であったということから，「合法的権利・利益の侵害」要件（四要件説によれば行為要件）を充足しないものと判断されたものである。この賠償責任五要件については，（前述の概要的紹介を基礎に）さらに詳しく後述することとして，ここでは行政訴訟における違法性の確認を問題としていることから，違法性の確認の法的制度や性格について若干の言及をしておきたい。

　行訴法第 70 条は，行政訴訟において取消判決を下す場合について以下のように規定している。

行訴法第70条

　行政行為が次に掲げる場合のいずれかに該当する場合には，人民法院は取消しまたは一部取消しの判決をおこなう。さらに，あらためて行政行為をやり直す判決を下すことができる。

　一　主要な証拠が不十分である場合。

　二　法律・法規の適用を誤った場合。

　三　法定の手続きに違反する場合。

　四　職権を越える場合。

　五　職権濫用の場合。

　六　明白に不当である場合。

　以上の取消判決を下すことができる要件のうち，証拠不十分の場合（行訴法第79条第1号）を除いて，それ以外の内容を類型化すると，(イ)手続きに関する規定に違反する場合（同条第3号）と，(ロ)行政権限を発動する場合の実体要件を満たさない場合（同条第2号，第4号，第5号，第6号）に大別することができる。

　この分類による取消判決が下される場合の組み合わせとして，まず(イ)の手続きに関する規定のみに違反し，(ロ)の要件に関する規定に違反しない場合が存在する。たとえば，土地収用に際し，強制執行の実体要件は充足されていたが，その執行前に被収用者に対してしなければならない告知をせずに強制執行を行った場合が，それである。

　逆に，(イ)の手続きに関する規定に違反し，またはそれに違反していないが，(ロ)の要件に関する規定に違反する場合も存在する。たとえば，土地収用の際に告知の義務を尽くして強制執行を行ったが，強制執行を決定する機関がそもそもその権限を持っていない場合が，それである。

　以上の2つの組み合わせにおいて，前者の手続的違法のみによる場合の取消判決と後者の実体的違法による場合の取消判決では，同じく違法性の確認が行政訴訟の段階でなされているとはいえ，それが国家賠償訴訟の審理に異なる影

響を与えていることは明らかである（この差異については後述する）。

　さらに，違法性の確認段階での判断結果は，前述の行訴法第70条で規定される取消判決のほか，係争行政行為の違法性の確認にとどめる違法性確認判決と，その無効を確認する無効確認判決もある。

　違法性確認判決については行訴法第74条が，無効確認判決については同法第75条が次のように規定している。

行訴法第74条

①　行政行為が次に掲げる場合のいずれかに該当する場合には，人民法院が違法性の確認の判決をおこなうが，行政行為を取り消さない。

　一　行政行為を取り消すべきであるが，その取消しが国家利益，社会の公共利益に重大な損害を与える場合。

　二　行政行為の手続的違法が軽微であり，原告の権利に実際的な影響を及ぼさない場合。

②　行政行為が次に掲げる場合のいずれかに該当し，取消しまたは履行せよとの判決をする必要がない場合には，人民法院が違法性の確認の判決をおこなう。

　一　行政行為が違法であるが，取消しになじむ対象が存在しない場合。

　二　被告が既に違法な行政行為を変更したが，原告が変更前の行政行為の違法性の確認を要求する場合。

　三　被告が法定の職責を履行せずまたはその履行を怠っているとして履行を義務付ける判決をなす意味がない場合。

行訴法第75条

　行政行為を実施する主体が行政主体の資格を有せずまたは行政行為を実施する根拠がない等の重大かつ明白な違法が存在することにより，原告が行政行為の無効確認を請求する場合には，人民法院が無効確認を判決する。

　実際の国家賠償訴訟では，行政訴訟での無効確認判決を前提とする賠償請求がなされる事例はほとんど存在していないようである（そもそも，賠償義務機関が，無効と評価されるような重大かつ明白な違法性を帯びる行為をしておいて，

賠償請求を拒否して，事案が行政訴訟・行政賠償訴訟に持ち込まれるという事態は想定しがたいであろう）。

　また，行訴法第74条によれば，違法性確認判決には2種類がある。1つは，行政行為は違法であるが，取消判決を下さずに違法性確認判決にとどめなければならない場合（行訴法第74条第1項）である。この違法性確認判決にとどめなければならないのは，取消判決が重大な公共利益の損害を生じさせる場合と，手続上の瑕疵が軽微で原告にも損害を与えていない場合である。この行訴法第74条第1項に基づく違法性確認判決は，取消判決と異なり，係争行政行為の効力を維持して消滅させないことになる。このような行訴法第74条第1項による違法性確認判決は，国家賠償請求訴訟における賠償責任の成立の判断段階に影響を及ぼす。なぜならば，係争行政行為の効力を変更する必要がないということであれば，当該行為による賠償請求人の合法的権利・利益侵害は存在しえないのではないかという問題がでてくるからである。もう1つの取消判決を下すことができない類型（行訴法第74条第2項）は，判決による取消しというシステムでは救済できないタイプの行為に対するものである（後に紹介する判例の例でいえば，強制的な建物の取壊しがなされたのちに，当該取壊し処分の取消しを求める訴訟を提起したような場合である）。この場合の行為を取り消さないとする違法性確認判決は，同条第1項の行政行為の効力が維持される類型とは異なることから，この同条第2項の判決が国家賠償訴訟にどのような影響を与えるかは，同条第1項の判決の影響とは分けて検討する必要がある。以上の行訴法第74条の2つの判決類型が国家賠償請求訴訟に与える影響については後で検討する。

㈢　行政賠償訴訟における違法性判断

　行政訴訟における違法性の検討からも理解されるように，国家賠償責任の成立のために必要な職権行使の違法性の認定は，行政訴訟段階のみでなく，それに続く国家賠償訴訟の段階でも必要とされる。先に紹介した違法建築物の強制取壊し事件の下級審判決では，行政訴訟段階で当該行為の違法性が確認されて

いるにもかかわらず，国家賠償訴訟（行政賠償訴訟）の段階で賠償責任の成立
を否定する判決となっている。国家賠償責任の成立には，賠償対象となる行為
の違法性の存在が絶対の要件である。逆に，違法性が認定されなければ賠償責
任は発生しない。上記の判例では，行政訴訟の段階で違法性が確認されなが
ら，国家賠償訴訟の段階で違法性の存在が否定されている。このことは，国家
賠償訴訟の段階で，国家賠償訴訟独自の違法性の判断がなされているというこ
とである。

　1994年に成立した国賠法が2010年に改正された段階で，同法第2条の「国
家機関およびその職員が<u>違法に</u>職権を行使し……」という条文から，「違法に」
という文言が削除された。このことから，一部で，国家賠償訴訟においては違
法性判断はなされず，行為の違法性判断は行政訴訟段階で尽くされるという誤
解が生じているようである。しかし，すでに紹介した判例からも理解されるよ
うに，国家賠償訴訟の段階でも賠償責任を結論付けるための独自の違法性判断
がなされているのである。国賠法第2条が国家賠償請求の要件として定める
「合法的権利・利益侵害」の存否の審査が，主として国家賠償訴訟段階での違
法性審査の機能を果たすものである。

　合法的権利・利益侵害の存否に関する実際の審理過程や判断基準については
後述するとして，ここでは，以下の2つを指摘しておく必要がある。

　前述したところであるが，違法性を確認する判決には，手続法的要件違反
（手続的違法）のみを理由として違法確認判決をおこない，権限行使が実体法的
要件に違反（実体的違法）しているか否かを判断していないタイプの判決（本
書では，これを権限行使のための実体的要件についての違法性判断をしていないと
いう意味で「違法性未定」，「違法性未定判決」という）がある。これに対して，
権限行使のための実体的要件が充足されていないとして権限行使を違法とする
違法性確認判決のタイプがある（本書では，これを権限行使のための実体的要件
が充足されていないとの判断がなされているという意味で「違法性確定」，「違法性
確定判決」という。ここにいう違法性「未定」判決と違法性「確定」判決を合わせ
て違法性「確認」判決と整理している点に留意されたい）。この後者の違法性確定

（判決）には，手続要件と実体要件の双方に違反している場合と，実体要件のみに違反している場合とがある。この行政訴訟の判決に，本書でいう違法性未定のものと違法性確定のものがあるとの理解は，もちろん，行政訴訟における違法性「確認」判決を受けてなされることになる国家賠償訴訟での違法性審査の範囲や深度に大きな影響を与えることになるからである（詳しくは後述）。

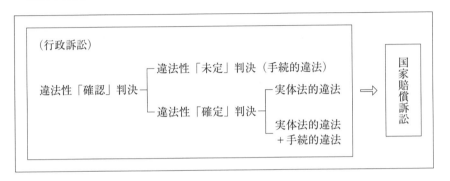

　もう1つ，行政訴訟の判決形式の違いにも注目しておく必要がある。それは，前述の行政訴訟法の判決の形式にかかわって述べたところであるが，行政行為を違法とする行政訴訟判決には，取消判決（この判決効により，行政行為は遡及的に存在しなかったことになり，その判決効に相応した対応が行政機関に求められることになる）と確認判決（行政行為の違法性を宣言するものであるが，判決によって遡及的に行政行為が存在しない状態となるというものではない）が存在することである。特に行訴法第74条第1項第1号は，行政行為を取り消すことが公共利益に重大な損害を与える場合に，行政行為の違法性の確認（宣言）はするが，行政行為を取り消すことはないとする判決類型を定めている。行政訴訟の段階で，この行訴法第74条第1項第1号に基づいて違法性を確認するにとどめる判決がなされた場合に，それが国家賠償訴訟に重大な影響を与えることから，国家賠償訴訟の前提となっている行政訴訟判決の類型に注目しておく必要がある。

第2節　国家賠償責任成立の各要件

　本節では，前節での国家賠償責任の五要件につき，実際の裁判事例なども含めて，その具体的適用と，解釈上の問題をみてゆく。

1　主体（賠償義務機関）

　国賠法の主体要件については，同法で列挙されている賠償義務機関およびその職員のほか，列挙されていない事業主体が国賠法でいう賠償義務機関になり得るか否かという問題がある。まず，国賠法で列挙されている賠償義務機関を概観しておこう。

㈠　国賠法で規定される主体（賠償義務機関）

⑴　行政賠償の主体

　行政賠償の主体（賠償義務機関）については，国賠法第3条，第4条が，その主体となりうるものを行政機関およびその職員と規定するほか，同法第7条では，さらに4つの形態の主体を列挙している。その4つの形態とは，共同して職権を行使する2つ以上の行政機関の場合，法律・法規が授権する組織の場合，行政機関の委託を受ける組織または個人の場合，および賠償義務機関となるべき機関が廃止された場合である。

　これらの規定では，行政機関が行政法上の行政主体とされており，この点は日本法の「行政官庁理論」で論じられる行政機関とは意味が異なっていることに注意しなければならない。そもそも行政主体という用語は，日本では行政の機能を行使する法人（団体）を指し，国や地方公共団体が，その代表的なもの

である。さらに独立行政法人も，この行政主体に分類されるものである。そして，日本では，（ドイツ法の継受のもとでの行政官庁理論によれば）法令により，行政主体のために果たすべき役割をそれぞれ割り当てられた行政組織を構成する個々の人々を行政機関と呼び，この行政機関の中で外部に対して法効果のある意思表示をする権限を持つ行政機関を行政庁と呼んできた。ただし，例外的に教育委員会のような合議体としての行政機関があり，それゆえ合議体としての行政庁がある。この日本での行政機関概念からすれば，中国の国家賠償法での行政機関は，日本での合議体としての行政庁に近い性格をもつものであると考えることもできる。

　法律・法規が授権する組織とは，もともとは職権を行使（公権力の行使）する組織として設置されたのではないが，法律・法規の授権によって一定の権力的行政作用を行う権限を有することになる組織である。そして，その権限の行使については，国賠法で規定される場合に該当するとき，国賠法上の賠償義務機関になる（国賠法第 7 条第 3 項）。

　行政機関の委託を受ける組織と個人の場合には，委託する行政機関が賠償義務機関になる（同条第 4 項）。

　職権を実際に行使した原行政機関が廃止された場合には，その権限を継続するものが原行政機関の代わりに賠償義務機関になる（同条第 5 項前段）。その権限を継続する行政機関がなければ，原行政機関を廃止した行政機関が賠償義務機関になる（同項後段）。

⑵　**刑事賠償の主体**

　刑事賠償の賠償責任を負う主体は，国賠法第 17 条，第 18 条で規定する⑷取調機関，㋺検察機関，㈥裁判の職権を行使する機関，㈡留置場，㋭監獄管理機関およびその職員である。講学上は，それらを司法機関という。

　その中では，⑷の取調べの権限を行使するものには，公安機関（警察），検察院（たとえば汚職の場合）が含まれる。㋺の検察の権限を行使するものは検察院である。そして，㈥の裁判の権限を行使するのは人民法院（裁判所）である。

㈡の留置場は，94 年国賠法では列挙されていなかった。しかし，実際に留置場での処遇による損害が国賠法においても問題とされる場合が少なからず発生したにもかかわらず，その主体の該当性が不明確なことで，救済が妨げられるという事態が発生した。そのため，2010 年法改正において留置場が刑事賠償の主体に加えられた。しかし，留置場は独立の組織ではないため，賠償請求の際には，それを管理する公安機関に請求することになる。㈩の監獄管理機関とは，監獄である。2012 年の「中華人民共和国監獄法」第 2 条第 1 項は，「監獄は国家の刑罰を執行する機関である」と規定している。当該規定によれば，監獄は独立の組織であり，賠償義務機関になる。

(3)　その職員

国賠法第 2 条では，国家賠償の主体について，国家機関のほかに「その職員」も規定している。ただし，ここでいう職員の職権の行使による損害に対しての損害賠償責任を負うものは職員でなく，その者が属する行政機関になる（国賠法第 7 条第 1 項）。行政機関の行為ではなく，職員が職権を濫用して職権を行使して損害が発生した場合も，職権の行使に関わる行為である限り，職員の個人的責任ではなく，行政機関が賠償責任を負う。

国賠法でいう職員は，行政機関における公務員，司法機関における取調べをする者，検察活動をする者，裁判活動をする者，または監獄で管理・監守に当たる者を含む。しかし，それには，国家機関で清掃等の業務を担当する者，または国家機関にサービスを提供する者を含まない。たとえば，国家機関での清掃員，セキュリティを担当する業者の派遣員等がそれである。そのため，国賠法でいう「その職員」の該当性については，「国家機関で職務を務める」ことと，「法に基づいて公務に従事する」ことが要件であるといわれる[52]。そのほか，自発的に公務に協力する一般国民については，「職員」への該当性が認められる[53]。

---

[52]　姜明安『行政法与行政訴訟法（第六版）』北京大学出版社・高等教育出版社（2015 年）558-559 頁。

[53]　馬懐徳『国家賠償法学（第 2 版）』中国政法大学出版社（2007 年）35 頁。

㈡　事業主体の賠償義務機関への該当性

　国家賠償の責任の成立要件のなかの主体要件とは，いかなる行政組織が賠償
責任を負うことになるのか，賠償請求人からすれば，どの行政組織に賠償請求
をすればよいのかを問題とするものである。被害を生じさせた行政組織・職員
の行為が国賠法の定める職権の行使という性格を有しなければ，もちろん当該
組織に対して国家賠償請求をすることはできない。この意味で，主体要件は，
被害を生じさせた行政組織が国家賠償請求の名宛人になる資格を有する主体な
のかを問題にするものであるともいえる。主体要件の概要については上述した
ところであるが，国家賠償の主体の中心は国賠法第３条，第４条で明示的に列
挙されている行政機関である。

　行政機関は中国行政法における行政主体であり，行政職権[54]を有し，自ら
の名義を以て行政管理活動をなし，その活動による法律責任を独自に負担しう
る組織である[55]。つまり，まず，行政機関は個人ではなく，一種の組織である。
次に，行政機関は行政(職)権（公権力を行使する権限）を有しなければならな
い。さらに，行政機関は自らの名義で権限を行使する組織でなければならな
い。最後に，行政機関は独立に責任を負うものでなければならない[56]。組織と
しての行政機関は，法定の手続きにしたがって設立され，一定の組織機構また
職員編制を有しなければならない[57]。さらに，行政機関は，その合併または分
割によって変更されることになり，その撤廃，または授権の終了もしくは期限
満了等の原因で消滅することになる[58]。

　また，この行政機関は，憲法，行政組織法の規定によって設置されるものが

54　何海波「行政行為的合法要件—兼議行政行為司法審査根拠的重構」中国法学（2009 年，
　　第 4 期）68 頁。
55　江必新『中華人民共和国行政訴訟法理解適用与実務指南』中国法制出版社（2015 年）
　　128 頁以下を参照。
56　姜明安主編『行政法与行政訴訟法（第 6 版）』北京大学出版社・高等教育出版社（2015
　　年）557 頁以下を参照。
57　江必新『中華人民共和国行政訴訟法理解与実務指南』中国法制出版社（2015 年）

あるほか，その他の法律・法規の授権によって設置されるものも存在してい
る[59]。この，その他の法律・法規の授権によって設置されるものは，「法律・
法規が授権する組織」と呼ばれる。

　国賠法においては，行政機関と並んで賠償義務機関と規定される「法律・法
規が授権する組織」（国賠法第7条第3号）が国家賠償責任を負う主体として規
定されているが，特定の組織が，国賠法にいう「法律・法規が授権する組織」
に該当するのかが問題とされる場合が少なからず存在している。この問題とさ
れるものの中心にあるのが「事業主体」であり，これが国賠法第7条の定める
「法律・法規が授権する組織」に該当するか否かについては激しい論争がある。
そこで，ここでは特に事業主体に関連して主体要件が問題とされた事例を取り
上げる形で「法律・法規が授権する組織」の範囲の問題を検討してゆき，その
うえで，主体要件に関わる近時の議論の動向について若干の言及をする。

(1) **事業主体**

　事業主体が国賠法における主体となりうるかが問題とされた事例の検討のま
えに，事業主体とは何かを簡単に紹介しておく必要がある。事業主体は，中国
法の中の中国語では「事業単位」と表記されるが（本書では「事業主体」と翻訳
することとする），2004年国務院の「事業主体登記管理暫行条例」（行政法規。
中国語では「事業単位登記管理暫定条例」と表記される。以下，「事業主体登記条例」
という）第2条第1項によれば，「国家が社会的，公共利益的な目的のために
設置し，またはその他の組織が国有資産をもって設置したもので，教育・科学
技術・文化・衛生等の活動をし，社会に奉仕する組織」であると定義される。
さらに，2014年国家事業主体（事業単位）登記管理局の「事業単位登記管理暫
行条例実施細目」（部門規章。以下，「事業主体条例細目」という）第4条は，事
業主体登記条例第2条第1項で列挙した活動内容のほか，新聞出版，社会福
祉，公用施設管理，資源管理事業等を事業主体の活動目的として掲げてい
る[60]。

58　姜明安・前掲(注56)557頁以下を参照。
59　姜明安・前掲(注56)557頁以下を参照。

① **事業主体設置の要件**

　事業主体登記条例第 6 条は，事業主体登記について 5 つの要件を規定している。それらは，「㈠許可権限ある行政機関がその設立を許可し，㈡自らの名称・構成組織・場所があり，㈢業務活動に相応しい従業員が居り，㈣業務活動に相応しい財源があり，㈤独自に民事責任を負うことができる」ことである。これらのうち，㈠は，文字通り，事業主体の設立は行政機関の許可を得なければならないということである。事業主体は，独立した組織であるが，行政機関に所属するものでもある。たとえば 2018 年の「国務院の機構の設置に関する通知」（通達）によれば，中国社会科学院は，国務院に直接所属する事業主体である。他方で，この中国社会科学院は社会科学に関する研究を行う研究機構でもあり，大学院でもある。

　そして，㈤によれば，事業主体には民事責任を負う能力が必要となる。また，中国民法典第 87 条第 2 項によれば，事業主体は，民法上の非営利的法人に属している。したがって，事業主体は，民事上の法主体であることが明らかである。

② **事業主体の類型**

　2011 年国務院の「事業主体（単位）の分類に関する意見」（行政法規。以下，「分類意見」という）によれば，事業主体は，その機能の差異に応じて，㈠行政職責を担当するもの，㈡経営・生産に従事するもの，㈢公共利益のためのサービスに従事するもの，の 3 種類に分かれる。

60　「公用施設管理」は，公共の用に供する施設の管理を意味し，「資源管理事業」は，自然資源を含む各種の資源の管理に関する作用を意味する。つまり，公有公共施設の管理主体は，事業主体である場合があるということである。そのため，公有公共施設の設置・管理の瑕疵により生じた損害に関する賠償が，事業主体を被告とする場合もある。現在，中国における公有公共施設における紛争は，民事訴訟で解決しており，国賠法の賠償範囲に含まれていない。しかし，堤防の建設の瑕疵により発生した洪水等の災害事件の場合には，現在の中国では民事訴訟で対応することができない。そのため，公有公共施設に関しては，民事訴訟のみならず，国賠法の賠償範囲に取り込む必要がある。そのためには，公有公共施設を管理する事業主体が国賠法における賠償義務機関でなければならないということになる。

(イ)の行政職責は，法律・法規および共産党中央の政策に基づいて規定される。さらに，分類意見によれば，この(イ)の類型の新設は 2011 年から禁じられることになり，現存のものについては，次第にその職責を行政機関に移行させるか，または自らが行政機関になるとの対応がなされている。

(ロ)の活動に従事する事業主体については，(イ)と同様に新設が禁じられ，現存のものは次第に撤廃，または会社化される状況になっている。

したがって，(イ)，(ロ)類型の事業主体は，これから次第になくなることになり，本章での検討対象としない。

(ハ)の事業主体は，社会に公共サービスを提供し，または行政機関の権限行使に対して支援を提供するものである。本書でいう事業主体は，(ハ)の類型に該当するものである。この(ハ)の事業主体は，さらに公益一類，公益二類という2種類の公共サービスを提供する組織に分かれている。公益一類は，義務教育，基礎的科学研究，文化，衛生および基礎的医療サービス等の基本的な公共サービスを担当する。この公益一類は，営利を目的としてはならず，その趣旨・業務範囲・内規が国によって定められる。公益二類は，高等教育，非営利的な医療等の公共サービスを担当するものである。公益二類は，国が定める目的・標準に従って活動するが，公共利益の確保を前提として法に基づいて収益活動ができる。しかし，この収益は自由に処分できず，その使用については国家の指示に従って行わなければならない。

③ 事業主体の特徴

まず，事業主体は，営利を目的としない（公共利益の実現のための収益活動はできるが，一般的な営業活動と峻別されている）。その運営の費用は，国家の財政から支出される。2014 年国務院の「事業単位人事管理条例」（行政法規。以下，「事業主体人事条例」という）第 24 条によれば，国は，事業主体の構成員の研修の費用を負担する。このことから，事業主体は国家の財政から完全に独立していないといえる。

次に，2018 年の「中華人民共和国公務員法」第 112 条は，「法律・法規が授権し，かつ公共的業務の管理職責のある事業主体の構成員については，雑用係

を除き，許可を得て公務員法に準拠して管理する」と規定している。すなわち，事業主体は，行政機関ではないが，その構成員が公務員に準ずる身分を持っていることになる。さらに，事業主体人事条例第32条によれば，事業主体の構成員の給与体系については，国家が規定する。つまり，事業主体とその構成員の関係は，純粋な民事的な雇用関係ではない。

　また，事業主体登記条例第３条は，「事業主体は，その設置について県級以上の各級人民政府またはその管理部門の許可を得たあとに，本条例の規定に従って登記または届出をしなければならない」と規定している。そして，同条例第５条第１項の前段は，「県級以上の各級人民政府の組織編制管理機関に属する事業単位登記管理組織は，事業単位の登記の管理業務を担当する」と規定している。これらの規定から理解されるように，事業主体の設立および登記は通常の法人の設立・登記と異なっており，事業主体は通常の法人ではない。

　最後に，事業主体は，一定の強制的権限を持っている。たとえば，中国証券監督管理委員会（以下，「証監会」という）がそれである。証監会は，1998年の「中国証券監督管理委員会職能配置，内設機構と人員編制規定」に基づいて設置された国務院に直接に属する組織である。この規定によれば，証監会は証券・先物取引に関わる法または規定に違反する行為を取り調べ，処罰する権限を持っている。さらに，証監会は，部門規章を作成し，行政処罰を設けることができる。たとえば「私募投資基金監督管理暫行弁法」は，証監会が作成した部門規章である。この弁法第38条によれば，証監会には，弁法に反する者に対して「警告または３万元以下の罰金」に処する権限が付与されている。これらの規定によって，証監会は事業主体でありながら，行政機関と同様に権力的権限を行使することができる。

(2)　法律・法規が授権する組織と事業主体

　証監会のような事業主体は，権力的権限を行使できるが，行政機関ではない。このことから，その権限の行使によって相手方に損害を与えた場合，被害を受けた相手方は，如何なる方法で救済を求めることができるのかという問題がある。加害行為が権力的権限の行使であるため，当然に行政訴訟または行政

賠償訴訟による救済が認められるべきであるようにも思われる。しかし，行政賠償請求をする場合には，被告が国賠法上の主体（賠償義務機関）でなければ，賠償責任を求めることができない。事業主体は，そもそもは民事主体であり，行政機関ではない。上述のように，国賠法は，賠償義務機関には行政機関のみならず，法律・法規が授権する組織も含むと規定している。法律・法規が授権する組織が事業主体を含むことになれば，事業主体は国家賠償責任を負う主体（賠償義務機関）になる。そして，事業主体による権限の行使がもたらした損害に関する賠償については，国賠法を適用できることになる。これについては，国家賠償事件ではないが，事業主体が国家賠償責任の主体に該当するかを考えるうえで重要な意義を有すると考えられる以下のような興味ある事例がある。

【北京市第一中級人民法院 1999 年 4 月 26 日判決】[61]

　被告 BK 大学（以下，Y という）は，試験中のカンニングを理由に，当校の学生である原告（以下，X という）の学籍を剥奪し退学させることとした。しかし，当該退学処分の内容は，X に送達されていなかった。このことから，当該処分の後も，X は当校で学業を続行し，卒業の要件を満たすところとなった。学位授与に際して，Y は，X が当校学籍を持っていないことを理由に，学位授与を拒否した。X は，その拒否行為を不服として，当該拒否処分の取消しを求めて行政訴訟を提起した。人民法院は，「我国の法律・法規に基づいて，大学は，学生に対して学籍の管理，奨励または処罰の権限を持ち，国の代わりに学生に学歴証書・学位証書を交付する職責を負う」とし，Y が行政訴訟の被告適格を有することを認めた。

　大学と学生との紛争は，本件の判決が出されるまでは，陳情または不服申立ての範囲内で解決されるべきものとされていた。なぜならば，一方で，前述したように，大学は事業主体として通常の民事上の法主体ではあるが，大学と学

61　当該事例の番号は，(1999) 一中行終字第73号である。本件は，「中華人民共和国最高人民法院公報」1999年第4期に掲載されている。後に，最高人民法院は，本件をリーディングケース第38号として公布した。

生との関係は対等な関係でないことから，民事訴訟は認められないとされてきた。他方で，事業主体は行政機関ではないことから，行政訴訟における被告適格も認められてこなかった。このことから，従来であれば，本件での原告は，民事訴訟と行政訴訟のいずれによっても救済の途は存在しなかった。本件判決は，大学と学生との紛争について行政訴訟を適用することを認め，大学について初めて法律・法規が授権する組織として行政訴訟での被告適格を認めた。本件判決では，大学は，学生の学籍に関する権限を行使する場合においては法律・法規が授権する組織とされた（学生に対する日常的な管理権の行使の関係では，大学は法律・法規が授権する組織に含まれない）。この判決は，事業主体としての大学に行政訴訟での被告適格を初めて認めた画期的な判決であるが，国家賠償が問題とされたわけではない。しかし，行政訴訟での被告適格を認めることで，事業主体が国賠法上の主体（賠償義務機関）として認められる途を切り開いたといえる。

　そこで，以上の画期的判決を基礎に，事業主体たる大学が，行政訴訟で法律・法規が授権する組織として被告適格を認められた上で，その国家賠償訴訟で賠償責任の主体（賠償義務機関）に該当するかが問題となった事例を紹介しておこう。

【吉林市中級人民法院 2017 年 5 月 19 日判決】[62]

　被告 BH 大学（以下，Y という）の学生である原告（以下，X という）は，期末試験でカンニングをし，即時，教室から退室させられた。後に，X は追試を受けて単位を取り，卒業に必要な全単位を得たことで学位を取得した。この卒業後，Y は，X がカンニングをしていたことを理由に，X の学位を取り消した。X はこの取消し決定を不服として，その措置の取消しを求めて行政訴訟を提起し，そこでの勝訴判決をもって行政賠償訴訟を提起した。人民法院は，国家賠償が積極的損害のみを賠償するものであるとして，弁護士費用・交通費に

62　当該事例の番号は，（2017）吉 02 行賠終 4 号である。

関する X の賠償請求を認めた。

　本件は，前の事例と同じく学位に関わる紛争であり，判決は大学を賠償義務機関と認定した（賠償金が限定的であった点は損害の認定に関わる問題であり，この点は損害要件のところで，さらに検討する）。

　以上の判決からも明らかなように，事業主体が国賠法における賠償義務機関の該当性を有するものであり，従来から論争のあった国賠法の賠償義務機関における法律・法規が授権する組織の射程は事業主体に及ぶかの問題については，一応の結論が出たともいえよう。

㈢　主体要件の柔軟化の必要

　もともとは行政機関でない組織が，法律・法規の授権に基づいて権限行使を行う場合，国賠法での賠償義務機関になる。このことから，本来は民事主体である事業主体も賠償義務機関になる場合が出てくることになる。しかし，法律・法規の授権がある組織ということは，法律・法規に明確な授権的規定がなければならないことを意味している。この授権の明確性を厳格に要求することになれば，行政機関以外の組織を賠償義務機関と認める範囲が限定され，国家賠償における主体要件の該当性についての判断を硬直化させる危険性がある。

　さらに，現在の中国では，分類意見（「事業主体（単位）の分類に関する意見」）による一定範囲の事業主体の廃止要求の存在とともに，そこで廃止が要求されていない事業主体についても，次第に行政組織的性格を希薄化して，法人化していく傾向がある。こういう背景の下では，事業主体を法律・法規が授権する組織として構成することで，これからも権力的性質を有する権限行使の範囲内だけでも国家賠償の領域に属させることができるかは確かではない。しかも，他方で，法人化した事業主体をめぐる損害賠償問題が民事訴訟の管轄とされるのかという点も不確かな点があり，このようなことから事業主体をめぐる損害賠償問題には残された問題があるといえる。一般的に言えば，国家賠償の制度目的の実現の観点から，事業主体をはじめとする諸組織の主体要件該当性につ

いては柔軟な解釈が求められる。

2　合法的権利・利益の侵害

　合法的権利・利益の侵害を，独立の要件として独立させて理解する意義については，すでに述べたところである。そして，この行政賠償訴訟での合法的権利・利益の侵害要件の存否の審理においては，行政訴訟における第一段階の違法性判断に続いて，第二段階の違法性判断がなされることも前述したところである。

　この第二段階での違法性判断は，違法建築物の強制的な取壊しが手続要件違反を理由に行政訴訟で違法が確認されたのち，行政賠償訴訟の合法的権利・利益の侵害要件にかかわる審査で，違法に取り壊されたのが違法建築物であったことが明らかになった場合にも，合法的権利・利益の侵害があったと評価してよいかというような場面で，典型的に登場することになる。

　しかし，合法的権利・利益の侵害要件が問題となる，もう一つの重要な場面がある。それは，いわば合法的権利・利益が公共利益と衝突する場合である。上記の事例でいえば，合法的建築物の強制取壊しにつき違法確認が行政訴訟でなされて行政賠償訴訟の段階に進んだが，この建築物の取壊しが公共の利益の観点から客観的に強く求められていたという場面では，合法的権利・利益の侵害要件の充足が否定される裁判例が登場してきている。このような判決の評価は後述するとして，公共の利益の観点から合法的権利・利益の侵害を認めない判例が存在している事実は無視しえず，合法的権利・利益の侵害要件の判断に公共の利益が関係してくることを認識しておく必要がある。

　以下では，一般的な合法的権利・利益の侵害をめぐる問題と，公共の利益が関わる合法的権利・利益の侵害の問題を分けて論じてゆくこととする。

㈠　合法的権利・利益の侵害要件をめぐる諸問題

　国家賠償訴訟において合法的権利・利益の侵害要件に関わって問題とされる

ものの典型的事例が，合法的権利・利益といえるものと，違法な権利・利益と
評価される2つの要素が併存する財産に対する職権の行使で損害が発生した場
合の損害賠償責任の存否である。つまり，この存否に関する裁判所の判断にお
いて，国家賠償訴訟段階における違法性審査の典型的場面が展開されることに
なる。

(1) 合法的な権利・利益

　中国国賠法においては，法の保護に値しない利益のみならず，「違法な権利」
という概念が存在する。この表現は日本においては誤解を生ずるおそれがあ
り，本書では，それを違法な権利・利益と称することにする。違法な権利・利
益，とりわけ違法な個人の権利・利益という表現がもつ内実は，中国の財産制
に関わる重要な内容を有している。

　中国においては，財産について原則として公有制（上述した国家所有および集
団所有）をとっており，憲法で規定されている「神聖不可侵」とされる財産は
私有財産ではなく，公共財産である。この点につき中国憲法第12条は，公共
財産について，「社会主義の公共財産は神聖不可侵である。国家は社会主義の
公共財産を保護する。いかなる組織または個人も，いかなる方法によるのであ
れ国家および集団の財産を自己の物にし，もしくは破壊することを禁じる」と
規定している。すなわち，私人は国家または集団の財産を自己のものにすれ
ば，それは違憲・違法である。中国における土地の所有権は国家または集団
（農村部における特定の地域の農民集団）にあるため，国民は土地の利用につい
ては使用権しか有していない。このことから，国民の間での土地の所有権の譲
渡という行為は存在しえないが，土地の使用権の譲渡は認められている。さら
に土地収用の場合でいえば，土地収用の本質は，私有財産制度のもとで土地に
ついての所有権についても不可侵とする憲法規定（日本国憲法第29条第1項）
を持つ日本法の土地収用とは根本的に異なっている。中国の土地収用は，そも
そも土地の所有権への侵害ではなく，国家等が所有権を行使して使用権を回収
するという性質をもつことになる。

　さらに，この国民の使用権には期限がついている。1990年に国務院が公布

した都市部国有地使用権の譲渡に関する暫定条例（「中華人民共和国城鎮国有土地使用権出譲和転譲暫行条例」）（行政法規。以下，「土地使用権譲渡条例」という）は，土地の用途に応じて使用できる最長期限を規定している。居住用地は70年，工業用地は50年，教育・科学・文化・衛生・体育用地は50年，商業・旅行・娯楽用地は40年，そして総合的またはその他の用地は50年とされている。これらの期限が到来し，更新がされない場合には，使用者の当該土地に対する占有が憲法第12条第2項でいう国家または集団の財産を自分のものにするという状態が生じることになる。つまり，使用者の使用権が更新されないままに使用期限を徒過した場合，当該使用権は違法な権利・利益となる。

　また，中国憲法第13条は，個人財産または私有財産について，「国民の合法的私有財産は侵害されてはならない。国家は法律の規定に基づいて国民の私有財産および相続権を保護する。国家は公共利益の需要のために法律に基づいて国民の私有財産に対して収用または使用をすることができ，かつ補償をする」と規定している。この憲法第13条と上述の第12条によって，公共財産は「神聖不可侵」であるが，私有財産は「合法」なものに限って保護されることになる。そして，ここでいう違法な私有財産は，前述の許可期限が到来し，かつ更新されていない使用権のみならず，建築許可を得ずに建築した家屋のようなものも含む。土地収用の場合には，このような「家屋」に対して，賠償義務機関は違法な行政処分に基づいて強制取壊しを行っても賠償責任を負う必要はない。

(2)　**違法な権利・利益と合法的権利・利益の併存**

　前述のように，違法建築物は合法的権利・利益として財産権保障の対象とされるものではない。しかし，建築物が違法なものとされるとはいえ，建築のための材料は国民が合法に購入した合法的なものであり，違法な家屋内にある家具，家電等も国民の合法的に所有する財産である。このことから，違法建築物の強制撤去にあたって，それらの合法的財産が分別されて適切に保全されなければ，それは違法な侵害であり，国家賠償責任が成立する。このような違法と合法の権利・利益が併存する場合の，行政機関の権限行使に対する国家賠償訴

訟段階において，違法性の判断がいかにおこなわれるかについて，以下の興味
ある事例が存在する（行政訴訟段階で，この違法な権利・利益と合法的権利・利益
が複合した事例において，合法的権利・利益の存在に着目して行政機関の権限行使
を違法とした事例については，すでに紹介したところである）。

【杭州市臨安区人民法院 2019 年 11 月 25 日判決】[63]

　賠償義務機関である H 市所在の F 区（以下，Y という）は，同区市民である
原告（以下，X という）の家屋の庭にある建築許可を得ていない構築物（以下，
本件構築物という）を強制的に取り壊した（以下，「本件強制執行」という）。Y
は X の賠償請求を審査して賠償する決定をしたが，X は賠償決定における賠償
金の算定を不服とし，行政訴訟と行政賠償請求訴訟を併合して提起した。

　行政訴訟において，H 市 L 区人民法院は，Y の強制取壊しについて，「告知お
よび催告をせず，X の意見を聴取しなかった」ことで手続要件に違反するとし
て違法性を確認したが，取壊し権限を行使するための実体要件には違反してい
ないとして，この点についての違法性を確認しないとの判決を下した。しかし，
行政賠償訴訟において同法院は，本件構築物を「許可を得ずにつくったもの」
と認定したが，「取り壊した後に残った構築物の材料の滅失については Y に賠償
責任がある」との判断を示した。

本件行政訴訟の判決においては，告知，催告，意見聴取等の手続的規定への
違反が認められた。しかし，強制取壊しの対象たる本件構築物は，建築許可を
得ていないため違法なものとされている。つまり，X の本件構築物に関する所
有権は違法な権利とされ，行政訴訟段階では，この構築物の取壊しについての
違法性は確認されなかった。この行政訴訟の段階を経て行政訴訟賠償の段階に
入った状態は，手続的違法の確認が行政訴訟でなされて行政賠償訴訟の段階に
移行しているので，実体的違法が確認されないで行政賠償訴訟の審理がおこな
われるという意味で，前述の分類によれば，「違法性未定」の行政賠償訴訟で
あるということができる。行政賠償訴訟における判決は，違法建築である構築

63　当該事例の番号は，(2019) 浙 0185 行初 49 号である。

物のYによる取壊しによってXの合法的権利・利益の侵害はないと判断し，構築物の滅失に対してYは賠償責任を負わないとした。このように，本件構築物の所有権は違法な権利とされ賠償請求の対象とならないとされたが，判決は本件構築物をつくるための材料に関する所有権はXの合法的な権利であり，それをYが適切に保全する等の措置をとらなかったことで滅失させたことは合法的権利の侵害であり違法であるとして，Yは材料の滅失に対して賠償責任を負う義務があると結論付けた。

　本件のように，1つの行為による権利侵害が，合法的権利・利益の侵害と違法な権利・利益の「侵害」（違法な権利に対する侵害という表現は日本的には考えられないものであるが，上記のような事例を指すものとして，あえて使用する）に分かれる場合がある。この侵害に対する国家賠償については一般的にいえば，行政機関の違法行為によって違法な権利・利益が「侵害」される場合には，国民に損害が発生したといえる場合でも行政機関（賠償義務機関）は賠償責任を負わないということである。そして，行政機関による違法行為の侵害対象が合法的権利・利益である場合のみ，行政機関（賠償義務機関）は損害結果に対して賠償責任を負うことになる。このことから，違法性の判断は，行政訴訟段階での違法性の確認にとどまらず，行政賠償訴訟における賠償責任の成立にとって国賠法の合法的権利・利益の侵害要件が重要な意味を持っていることを理解する必要がある。

(二)　違法性未定と違法性確定

　行政賠償訴訟においては，その前段階で必要となる行政訴訟での判決による違法性の確認が，手続的違法のみを理由として確認がなされて行政賠償訴訟の段階に進む場合（実体的違法は否定した場合を含む）と，実体的違法が確認されて行政賠償訴訟の段階に進む場合とがあることについては前述したところである。前者の場合には，行政訴訟で実体的違法が確認されていない状態で行政賠償訴訟の審理が開始されることになるが，このような関係にある行政訴訟を行政賠償訴訟の観点から見て，本書では，違法性未定（判決）と呼んでいる

（この場合の行政賠償訴訟を違法性未定の行政賠償訴訟と呼ぶこともある）。これ
に対して，行政訴訟において実体的違法が確認されたうえで行政賠償訴訟の審
理が始められる場合に，この行政訴訟を行政賠償訴訟の観点から違法性確定
（判決）と呼ぶ（同じく，この場合の行政賠償訴訟を違法性確定の行政賠償訴訟と呼
ぶこともある）。以下，この2つの場合の行政賠償訴訟の具体的展開を見てゆく
が，ここでの主要な注目点は，合法的権利・利益の侵害要件の審理が，2つの
場合でどのように異なってくるかということである。

(1)　**違法性未定の場合の行政賠償訴訟**

　違法性未定の場合においては，係争行政行為の手続法違反のみを理由として
行政訴訟での違法性の確認がなされているのであるから，実際に生じた損害の
填補を目的とする行政賠償訴訟においては，実体的違法の存否についての判断
をすることなくして賠償責任についての結論を出すことができない。中国国家
賠償法では，この判断が合法的権利・利益の侵害要件の審査においてなされる
ことになる。以下，本書でいう違法性未定のもとでの行政賠償において，賠償
責任が認められた事例と，否定された事例を紹介することとする。

①　**違法性未定の場合での賠償責任の肯定**

【遼寧省高級人民法院 2015 年 1 月 5 日判決】[64]

　被告であるL省所在のS市（以下，Yという）は，土地収用の執行において，
L省S市T区の住民である原告（以下，Xという）と土地収用の補償協議を結
ばず，Xの家屋を強制的に取り壊した（以下，「本件強制取壊し」という）。X
は，本件強制取壊しについての違法性の確認および損害賠償を請求する訴えを
提起した。

　第一審のL省S市中級人民法院は，「土地管理法の実施条例」第25条第3
項[65]によれば，YはXと補償協議を結んでいないことから，その場合に土地収

64　当該事例の番号は，（2014）遼行終字第301号である。
65　土地管理法の実施条例第25条第3項：補償の基準に異議がある場合には，県級以上の
　　人民政府が調停をおこなう。調停が成立しない場合には，土地収用を許可する人民政府が
　　裁決する。

用を許可するL省の調停を求めることが必要であったにもかかわらず，これを求めないままにXの家屋を強制的に取り壊したため，手続的な瑕疵があると指摘したうえで（行政訴訟における違法性の確認），さらに行政賠償訴訟において国賠法第4条第4号に基づいてXの損害賠償請求を認めた。しかし，Xが損害賠償の額の認定を不服とし，上訴した。第二審のL省高級人民法院は，第一審における違法性の確認に関わる判断を維持し，損害賠償の額を増額した。

　本判決では，まず本件強制取壊しについては，補償協議を結んでいないにもかかわらず，調停を求めずに強制執行をおこなったことで違法性の確認がなされた（本件では，取壊しの執行によってXの建物は判決時には存在していないことから，行訴法第74条第2項第1号に基づき取消判決ではなく違法性確認判決がなされている）。この行政訴訟における判決を踏まえて行政賠償訴訟に審理がなされており，本件行政賠償訴訟は違法性未定の裁判であるといえる。

　本件での合法的権利・利益の侵害要件の該当性について判決は，これを国賠法第4条第4号に基づいて認めている。注目すべきは，本件の合法的権利・利益の侵害が同法第4条第3号（違法な収用・徴収によって財産権を侵害する場合）ではなく，同条第4号（財産侵害をもたらすその他の違法行為）によって認められている点である。このことは，行政賠償訴訟においては本件土地収用自体には違法性を認めず，土地収用の一環である本件強制取壊しを独立した行為として，その違法性を認めたことを意味する。行政訴訟では判断が示されていなかった収用行為の実体的違法判断につき，行政賠償訴訟において，収用行為自体の実体法的違法性は認めず，法的に求められる事前手続きを欠いたまま家屋の強制取壊しをしたことが，「財産損害をもたらすその他の違法行為」という国家賠償法が定める行政賠償の実体法的要件に該当すると判断がなされているのである。

　本件においては，賠償責任が肯定される場合には，違法性の判断が行政訴訟での違法性判断（違法性の確認）と，行政賠償訴訟での合法的権利・利益の侵害にかかわる違法性判断という2段階の違法性判断がなされていることがわか

る。

② **違法性未定の場合での賠償責任の否定**

　行訴法第74条第1項第2号は，違法確認をするが行政行為を取り消さない判決をする場合について，「行政行為の手続きが軽微に違法であるが，原告の権利に事実上の影響を及ぼさない」と規定している。つまり，手続的瑕疵が存在するが，被害者の権利に影響しない場合には，係争行政行為の違法性を確認するが，被害者への合法的権利・利益の侵害が認められない。そのため，責任の存在の判断段階に入って合法的権利・利益の侵害の存在を判断する必要がなく，違法性の確認段階での違法性判断のみにて賠償請求を認めないことができる。以下の事例は，このような場合の事例である。

【湖南省高級人民法院 2019 年 6 月 1 日判決】[66]

　H省H市に所在するA社の社長である原告（訴訟進行中に死亡し，その妻と息子が訴訟を承継した。以下，Xという）は，A社が所有する建築物（以下，「本件不動産」という）についてA社との家屋売買契約をもってXの個人所有とした。そして，被告であるH省所在のH市（以下，Yという）は不動産の所有権者をXとする名義変更登記（以下，「本件登記」という）をおこなった。その後にYは，A社からの本件登記に関する不服申立てを受けて調査をおこない，Xが家屋売買契約書等の登記のための資料を偽造していたことを理由とし，本件登記を取り消した（以下，「本件登記の取消し」という）あと，A社に本件不動産の権利証書を交付した。Xは，本件登記の取消しを不服とし，Yを被告として行政訴訟と行政賠償訴訟をH省H市中級人民法院に提起した。

　H省H市中級人民法院は，まず土地登記弁法第58条第1項[67]によれば，本件登記の取消しは正しくは登記の変更に該当するものであるが，Yが登記の取消しという処分をおこなったと構成することもできると認定した。そのうえで，

66　当該事例の番号は，（2019）湘行終801号である。
67　土地登記弁法第58条第1項「国土資源管理機関が土地登記簿の記載項目に誤りがあることを発見する場合には，人民政府の許可を得てから登記の是正を行い，かつ書面で当事者に規定する期限内に原土地権利証書の変更または取消しをするように通知しなければならない。」

登記の取消しという行為を選択する場合には同法によってXに対する告知が必要となるところ、たしかに本件では告知はなされているが、その告知には登記の取消しをする際の根拠となる具体的な条文が示されていないとする。結果として、行政訴訟では本件登記の取消しに関わるYの行為は違法であるが、それは手続上の軽微な違法（軽微な手続的瑕疵）にとどまるものとして、行訴法第74条第1項第2号（行政行為の手続きが軽微に法に違反するが、原告の権利に実際の影響を及ぼさない場合には、違法性の確認を判決するが、行政行為を取り消さない）に基づき、登記の取消しについては取消判決ではなく違法性を確認する判決がなされた。そのうえで、Xの賠償請求についても、合法的権利・利益の侵害はないとして行政賠償請求を棄却した。

　本件事例での行政賠償訴訟も、本書でいう違法性未定の状態にあるといえる。そして、行政賠償訴訟の段階では、軽微な瑕疵で原告の権利に実際の影響を及ぼさないという行政訴訟段階での認定の影響を受けながら、自らが売買契約書の偽造をしたXについて合法的権利・利益の侵害は認められないとの実体法的判断がなされているものと理解できる。本件で留意すべきは、行政賠償訴訟における合法的権利・利益の侵害要件の審理は、行政訴訟における判断（手続的瑕疵が軽微で原告の権利に実際の影響を与えない）に決定的に影響を受け、また審査対象が重複しているともいえるが（手続的瑕疵が軽微とした認定は、Xの資料の偽造という事実が関係しているものと思われる）、理論的には行政訴訟での違法性審査と行政賠償訴訟での違法性審査（合法的権利・利益の侵害）は分離して考えなければならないということである。場合によっては、行政訴訟で行訴法第74条第1項第2号が適用されたとしても、行政賠償訴訟では合法的権利・利益の侵害が認定されるケースの存在可能性を理論的に完全に否定すべきではない。

⑵　違法性確定の場合の行政賠償訴訟

　次に、本書で違法性確定の状態にあると呼ぶ行政賠償訴訟の事例をみておこう。

① 違法性確定の場合での賠償責任の肯定

【貴州省高級人民法院 2019 年 11 月 7 日判決】[68]

　被告である K 省 Q 市所在の G 県（以下，Y という）は，同県住民である原告（以下，X という）の水田（以下，「本件土地」という）を土地収用の対象とした。Y は X との補償交渉が合意に至らなかったことから，X への土地の返還を決定したが（以下，「本件決定」という），本件土地にある地上付着物をすでに強制的に除去していた（以下，「本件強制執行」という）。X はそれらの処分を不服とし，本件強制執行の違法性の確認，本件土地の原状回復および損害賠償を請求する訴えを提起した。

　第一審の K 省 Q 市中級人民法院は，返還をするとの本件決定の適法性を認めたうえで，本件強制執行については，まず「Y が人民法院からの強制執行の許可を得ないままに独自で強制執行をおこなった行為は，Y の法定の権限を越えるもの」で違法であるとした。しかし，「本件強制執行は既に完了し，取り消すべき対象がなくなったため」（行訴法第 74 条第 2 項第 1 号），違法性の確認のみを認める判決をおこなった。X の本件土地の原状回復および損害賠償の請求に対して，同法院は，「本件土地が既に収用され，かつ建設工事に供用されているため，原状回復は不可能である」としたうえで，国賠法第 4 条第 3 号，第 32 条，第 36 条に基づき，「被収用者が享有する収用補償による権利・利益」を X の直接に被った損害とみなして損害賠償を認め，その賠償額には「土地補償費，一時的な（物品の：筆者注）安置の費用，地上付着物に対する補償費」を含むとした。しかし，判決までの 3 年間の本件土地を農地として使用できなかったことによる「生産にかかわる損失」に対する損害は認めなかった。この点を不服として，X は上訴に及んだ。

　第二審である K 省高級人民法院は，第一審の違法性に関する認定を維持したうえで，賠償金を増額した。

　本事例は，行政訴訟でも実体法的違法を根拠に違法性を確認する判決がなされ，行政賠償訴訟でも違法性（合法的権利・利益の侵害）が認められて，行政賠

68　当該事例の番号は，(2019) 黔行終 1542 号である。

償を命ずる判断が示されている。本件強制執行は，「土地管理法の実施条例」（行政法規）第 45 条に基づくものである。同条は，「土地管理に関する法律・法規の規定に違反し，国家の建設のための土地収用を阻害する場合には，県級以上の人民政府の土地管理組織が土地の差し出しを命じる。土地の差し出しを拒む場合には，当該組織が人民法院に強制執行を要請する」と規定しており，土地収用決定がなされると，国が所有権の行使に基づき，土地使用権を回収することができる。そのため，国への土地の返還は免れることができず，土地管理組織が土地の返還を要求することができる。しかし，土地の使用者としての国民は，土地の合法的占有のみならず，そこにある地上付着物を合法的に所有している。地上付着物がむやみに滅失させられることのないように，収用による土地の返還のための強制執行については人民法院の許可が必要とされる（法は人民法院に執行を要請するとして，人民法院が自ら強制執行をするかのような規定になっているが，実際には人民法院の許可を得て，当該収用権限を有する組織が強制執行をおこなう）。つまり，土地管理組織は土地の返還を要求できるが，要求に応じない場合に直ちに強制執行をおこなう権限を有していない。

このことから，人民法院の許可を得ることなく Y が強制執行した行為は，単なる手続法的違法ではなく，権限踰越の行為として実体法的違法という性格のものであり，行訴訟第 70 条第 4 号の権限踰越に該当し取消判決の対象となる。ただし本件では，すでに強制執行が完了していることから，行訴法第 74 条第 2 項第 1 号により違法性の確認のみの判決となっている。

X の原状回復請求に対して人民法院は，既に収用して建設に供用しているとの理由で認めず，行政賠償については，国賠法第 4 条第 3 号でいう違法に財産を収用・徴収する場合に該当するとして Y の賠償責任を認めた。ここでは，本件の収用の一部たる地上付着物への強制執行のみならず，土地収用に関わる広い範囲での合法的権利・利益の侵害を認定している（収用の効力自体は維持されている）。この行政賠償訴訟判決は，行政訴訟の段階で違法な土地収用であるが取り消すことなく効力を維持する判決がなされても，実際の損失について賠償責任を認めており，救済の観点から評価できるのみならず，これにより

賠償義務機関が将来において同様の違法を繰り返すことの予防にもなっている。本件は，損害賠償で救済をおこなうとはいえ，人民法院は，損害の範囲を国賠法第36条第8号にいう直接に生じた損害に限るものとし，収用補償で塡補される範囲が損害（額）であると認定した（Xが主張していた判決までの3年間の農地の「生産に関わる損失」に対する損害は認めなかった）。判決は，Xが収用補償よりも多くの「利益」を取得すべきではないと判断したのである。

② **違法性確定の場合での賠償責任の否定**

【広州市鉄路運輸中級人民法院 2018 年 7 月 3 日判決】[69]

　K省K市にあるメディア会社である原告（以下，Xという）は，訴外第三者のA社と屋外広告物を約定の場所で一定期間，設置できる契約を締結し，A社が提供した場所にXの看板（以下，本件看板という）を設置した。その後，本件看板の設置期限が到来したにもかかわらず，Xは本件看板を撤去せず，A社から複数回にわたって撤去の要求がなされたが，この要求にも応じなかった。そこで，被告であるK省K市H区（以下，Yという）は，A社の委託を受けて本件看板を強制的に撤去した（以下，「本件強制執行」という）。Xは，A社の提供した場所に本件看板を設置することができる期限は自動的に更新される契約になっており，設置期限が更新されている本件看板を撤去したYの本件強制執行は違法であるとして，違法性の確認および損害賠償を請求する訴えを提起した。

　人民法院は，まず行政訴訟において，Yは本件看板を強制的に撤去する権限を有しておらず，民事主体（A社）の委託によって本件強制執行をおこなうことは権限踰越の行為であったと認定し，本件強制執行の違法性を確認した。そして，行政賠償訴訟におけるXの損害賠償請求に対しては，本件強制執行が「Xの合法的権利・利益の侵害による損失をもたらしたか否かについて，契約紛争の結果にしたがって確認しなければならない。さらに，Xは，未だに紛争について交渉を続けていることを認めている。そのため，Xが合法的権利・利益の侵害によって損失を被ったと主張する根拠が」十分に証明されていないとして，

69　当該事例の番号は，（2018）粤71行終652号である。

Xの損害賠償の請求を棄却した。

　本件では，Yが強制執行の権限を有しないにもかかわらず，本件強制執行をおこなったものであり，当該強制執行は行訴法第70条第4号でいう権限踰越であり，実体法的違法という性格を有する行為である。人民法院は，Xの請求が係争行政行為の違法性を確認することであったことから，行訴法第70条第4号に基づき，本件強制執行の違法性を確認した（ここでの違法性の確認は，取消判決が制限される同法第74条による違法性の確認ではない）。

　行政賠償訴訟では，Yの違法行為によって合法的権利・利益の侵害がなされたことの立証がXによってなされていないとのことで賠償請求は認められなかった。Yによる強制執行（撤去）がなされた時点で，看板の設置期限の更新が有効になされていたと立証できていれば，Xの賠償請求が認められた可能性が大きい。その意味で，本事例を「違法性確定での賠償責任の否定」の事例として位置付けるのは適当でない面もあるが，違法性確定の行政賠償訴訟で賠償責任が否定される典型的事例の一つとして，ここに紹介した（本件のような契約の効力にかかわる私人間の紛争が，行政賠償における合法的権利・利益の侵害要件判断の前提問題として存在している場合，本件判決は，紛争について民事訴訟においての確定判決（もしくは和解による当事者の合意）がなければ，そもそも行政賠償訴訟における合法的権利・利益の侵害の立証責任は果たされないとまでいっているものではないであろう）。

　なお，本件強制執行が民事主体である第三者の委託によっておこなわれるものであるため，土地収用等による強制執行と異なり，公共利益の保護の観点から合法的権利・利益の侵害要件の成立が制限されるか否かという問題は生じない点にも留意しておく必要がある。

㈢　合法的権利・利益の侵害と公共利益

　合法的権利・利益の侵害要件のもう一つの重要な機能は，その要件の存否の判断を公共利益の保護との関係で考慮することで，行政賠償段階での違法性判

断を，一般的な合法的権利・利益の侵害ということのみで終わらせないということにもある。本書で合法的権利・利益を国家賠償責任の要件の一つとして独立させる意義は，行政賠償訴訟における公共利益の判断という要素の位置付けを明確化することである。しかし，国家賠償責任の成立に関わる「公共利益」とは何かを一義的に定義することは困難である。社会主義制度のもとにある中国においては，日常生活の中でも，公共利益という用語が頻繁に登場する。このようなこともあり，本書では公共利益を具体的に定義することは断念して，行政賠償訴訟において，公共利益の判断がなされた事例を紹介することで，合法的権利・利益の侵害要件の審査過程で，公共利益がどのように取り扱われているかの現況を理解しておきたい。

　なお，すでに行政賠償訴訟の前段階となる関係で，行政訴訟の判決類型を紹介したところで触れたように，行訴法第74条第１項第１号（行政行為が次に掲げる場合のいずれかに該当する場合には，人民法院が違法を確認し，行政行為を取り消さない。㈠　法にしたがって行政行為を取り消すべきだが，取消しが国家の利益，社会の公共利益に重大な損害を与える場合）に「公共利益」という文言が登場する。公共の利益を害するとの理由で，行政行為が違法であっても，取消判決ではなく違法確認判決にとどめる行政訴訟判決がなされた場合，その違法判決が行政賠償訴訟における違法性判断に影響を与えるのではないかという問題があることは，すでに指摘したところである。

　この問題については，私見によれば，行政訴訟における公共の利益への重大な損害という考慮は，あくまでも行政訴訟のレベルでの問題であり，発生している損害の程度と賠償による救済の必要性などの考慮は行政訴訟段階での公共の利益の判断に関係してこないものである。行政訴訟で考慮されているのは，社会の公共利益への「重大な」損害という要素のみである。このことから，行政訴訟で，公共の利益への重大な損害の可能性から違法確認判決にとどめられたことが判決から明白に理解される場合でも，行政賠償段階での合法的権利・利益の侵害要件の審査において，行政訴訟判決から直接的に，公共の利益への損害という判断を引き継ぐことで，賠償責任を否定するべきではない。行政賠

償訴訟の合法的権利・利益の侵害要件の判断要素の一つとして公共の利益への損害が考慮されるべきであるとしても，行政訴訟での公共利益への損害と行政賠償訴訟の公共利益への損害は別次元のものであると考えるべきである。さらにいえば，行政訴訟での公共利益への重大な損害を考慮しての取消判決は，公益の観点から違法な行政行為の効力を維持することに最大の目的がある。効力を維持するとしても，それによって発生した損害の救済は，発生した損害の填補という観点から行政訴訟とは別次元で考慮すべきものである。しかし，実際には，この行政訴訟での違法確認判決によっては行政行為の効力は維持されているのであるから，合法的権利・利益の侵害はないとして賠償請求を否定する考え方が主張されることになる。

　この公共利益の保護との関係で，取消判決に代えて違法宣言判決とし，結果として違法な行政行為の効力を維持するという規定が日本の行政事件訴訟法第31 条に存在する。この日本での事情判決と呼ばれる判決を下すについては，条文からも理解されるように，裁判官は違法な行為による損害填補や，それ以上の損害発生の防止などについて原告と被告の間で合意がなされることを前提として事情判決を下すことが想定されている[70]。中国において公益への配慮の観点から違法行為の効力を維持する場合には，まずは損失補償的発想で発生した損害の填補が考慮されるべきである。これがなされない場合には，行政賠償訴訟による損害填補が考慮されるべきであり，行政訴訟と同次元で行政賠償訴訟での公共の利益を考えるべきではないと思われる（損失補償がなされたが，その補償額に不満がある場合には，行政賠償訴訟による請求を認めるかという問題もある）。

　以下で，まず公共の利益の考慮が関係した行政訴訟の事例をみておこう。次に紹介する 2 つの事例は，行政訴訟と行政賠償訴訟が併合されて提起されたものであるが，行政賠償請求は棄却されている事例である。最初の事例は，行政訴訟で公共の利益がどのように扱われているかについて注目すべき点がある。

70　塩野宏『行政法Ⅱ（第 5 版）』（2010 年）196 頁参照。

(1) 行政訴訟と公共利益

【最高人民法院 2005 年 3 月 1 日判決】[71]

　被告である K 省 Z 市（以下，Y という）が「西気東輸」（中国の西部にあるガスを東にある都市部へ送る国家政策）のための同市のガスインフラストラクチャー工事の入札について高額な保証金を要求したところ，これを受け入れなかった原告である同市 A 社（以下，X という）は入札への参加を拒絶された。これに対して X は，Y の入札に関する一連の行政行為（以下，「本件行政行為」という）が違法であるとして，行政訴訟と行政賠償訴訟を提起した。X は，入札にあたって，すでにガスパイプの設置工事の準備行為として，他の業者との契約（投資）をおこなっていたが，実際に工事にとりかかるなどはしていなかった。入札を拒否されたことで，工事開始の準備のための他の業者との契約が履行されないことになり，当該業者に対して X は違約金を支払うことになった。

　最高人民法院は，本件行政行為について，「法律の適用を誤って法定の手続きに違反する点があり，これは X の利益に影響しているが」（原文のまま。利益侵害を認めていると理解できる：筆者注），本件行政行為を「取り消すことは公共利益につき，次に掲げる損害を与える。(イ)入札活動をやり直せば，K 省 Z 市の『西気東輸』の利用に関する工事の進行が遅延することになり，(ロ)入札活動をやり直せば，既に落札した会社が再び落札できず，その既に投入した合法的な出資が損失に変更し，さらに最終的に公共利益の損失となり，(ハ)しかも入札活動をやり直せば，落札した会社が中国石油会社と結んだテイク・オア・ペイ契約が解除されることになり，Z 市がガス利用のために，再度，中国石油会社と交渉しなければならず，かつ，この交渉が必ずしも成立しない可能性がある。このような場合には，Z 市の市民と企業がガスを利用できなくなるのみならず，『西気東輸』政策に生まれるチャンスを逃して Z 市の経済発展および市民生活に不利益を与えることになる」と指摘し，本件行政行為の違法性を確認し，Y が「挽回措置」をおこなうように命じた。そして，挽回措置については，「X の損失を填補して公共利益と個人利益との間のバランスの実現を目的とすべきである」

71　当該事例の番号は，(2004) 行終字第 6 号である。この事例は，最高法院公報 2005 年第 8 期で掲載される。

と判示した。

　　そして，Xの行政賠償請求に対して最高人民法院は，Xが支払ったとする違約金は損失補償により填補される（挽回措置）ものであり，この違約金以外の点については損害の発生を証明できないとして，その賠償請求を棄却した。

　上記の判決は，行政訴訟の段階では公共の利益に対する損害が重大であるとして，Yの行為は違法であることを確認したうえで，その行為の効力は維持させるとの判断をし，損害賠償の請求については，損害の発生を証明できていないとしてXの賠償請求を認めなかった。この判決は，まず，公共利益の内容を判決上で明示しており，公共の利益の保護の観点から取消判決をしない典型的なケースについての情報を提供するもので興味深い。判決は公共利益を，(イ)本件行政行為に直接に関連する公共に供する事業の推進による利益，(ロ)行政行為の名宛人以外の者の本件行政行為によって既に得た利益，(ハ)本件行政行為の実行によって得られる経済の発展，市民生活の水準の上昇という利益等に見出しており，取消判決を出すことで，これらの公共利益に重大な損害が生じると判断したものである。

　この判決で次に注目すべきは，公共利益の保護の観点から違法な行政行為の効力は維持するとしたが，損失補償を認めている点である。すなわち，Yに対してXの受けた損失に「挽回措置」を命じ，その挽回措置の内容は損失補償という手段をとるべきこととしている（損失補償の問題は行政賠償訴訟の管轄ではない）。これは，行政訴訟段階での公共の利益に対する重大な損害発生の可能性の認定を，直接的に行政賠償訴訟の合法的権利・利益の侵害の認定に持ち込まず，損失補償によってXの（証明しうる範囲での）損害を填補するという判決であり，この点は評価できる。

　行政賠償訴訟において判決は，Xが被った損害については，ガスパイプの設置工事のための他の業者との契約（投資）にかかる違約金の支払い以外の確定した債務の存在は立証されていないことから，損失補償で填補される以外の損害は認められず，Xの行政賠償請求は認められないとした。契約（投資）にか

かる違約金等の損失が立証されておれば，そこでの行政賠償の審理に行政訴訟での公共利益の認定がどのように影響したかは不明であるが，本件のような行政機関の違法な行政行為の効力を維持する場合には損失補償が考慮されるとする判決は，損害要件の審理において私益よりも公共の利益が優先されがちな中国の国家賠償訴訟の観点からも注目すべきものであると思われる。

　もう1つ，公共の利益が関係した事例をみておこう。ここでも行政訴訟と行政賠償訴訟が併せて提起されているが，注目すべきは行政訴訟における公共利益に関わる判断の部分である。

【ひょうたん島市中級人民法院 2018 年 7 月 18 日判決】[72]

　原告であるＬ省Ｈ市Ｋ県ドリンク会社（以下，Ｘという）は，Ａ社の子会社である。Ａ社とＢ社とは，Ａ社が保有するＸの全株式をＢ社に譲渡するという契約を結び，この契約によってＸの全株式はＢ社が所有することになった。その後Ｘは，建設した新工場（以下，「本件不動産」という）の土地使用権および不動産所有権についての登記を，被告であるＬ省Ｈ市Ｋ県資源局（以下，Ｙという）に申請した。しかし，この登記申請は資料不備で認められてはならないものであったにもかかわらず，Ｙは本件不動産の登記をおこなった（以下，「本件登記」という）。そして，この登記を利用してＢ社は，本件不動産を担保として第三者たる銀行と根抵当契約を結んだ。この間に，Ｂ社が株式譲渡金の支払いを怠っていたため，Ａ社はＸの全株式を自分の名義の下に変更するよう訴訟を提起し，勝訴して請求が認められた。このような経緯のもとで，ＸはＹを被告として，Ｌ省Ｈ市人民法院に本件登記の取消しおよび損害賠償を請求した。

　第一審のＬ省Ｈ市Ｋ県人民法院は，登記の手続きに瑕疵があり，本件登記は違法であると判断したが，「本件登記の取消しは，善意の第三者が登記行為に対する信頼に基づいて民事行為を行うという取引の安全に著しい損害を与える。取引の安全を守るのが公共利益に関わるものである」ため，本件登記を取り消さずに，違法性の確認のみを認めた。

　第二審のＬ省Ｈ市中級人民法院は，「公共利益とは，個人が独占するものでな

く，社会の大衆が共に享有しており，社会で生きるために必要とされる利益を意味する。公共利益は，不特定多数の受益者に関するものである。本件登記の取消しは，不動産について物権法上の登記による効果の消滅をもたらすものにすぎず，社会の不特定多数の人に損害を与えるわけではない。登記の取消しによる抵当権への不利な影響は，具体的な当事者の間にある特定の権利・利益への影響であり，公共利益にかかわるものとは言い得ない。それと同時に，抵当権設定は，担保であり，取引ではなく，取引の安全に直接に影響を及ばない」と判断したうえで，本件登記の取消しを認めた。しかし，違法な本件登記に起因する抵当権設定により土地使用権が制限され，生産・経営に悪影響をもたらしたことは合法的権利・利益の侵害になるという X の主張に対しては，第二審の L 省 H 市中級人民法院は損害の結果が実際に発生していないとして X の賠償請求を棄却した。

　本件では，損害の結果が実際に発生していないことを理由（「損害」要件の不存在）に賠償責任を認めなかったが，係争行政行為を公共利益の考慮に関連して取り消すか否かについての判断が第一審と第二審で異なっている。第一審では，公共利益に対する重大な損害の発生を理由として取り消さずに違法性の確認のみを認めたのに対して，第二審では，公共利益に対する損害を認めず本件登記を取り消す判決がなされた。公共利益とは不特定多数の者が享有する利益であるため，不特定多数の者に影響を及ばさない利益，または係争行政行為に関連する利益が具体的な当事者間にある特定の利益である場合には，その利益は取り消さずに違法性の確認のみを認める理由たる公共利益ではないとする第二審の判断は重要であり，この考え方は行政賠償訴訟において合法的権利・利益の侵害の判断が公共利益という要素でなされる場合にも示唆を与えるものであろう。

　公共利益の定義は困難であることを前述したが，上記の判決を参照しながら公共利益の定義を考えるならば，次のような要素が，その内容の重要部分を構成するものと思われる。まず，(イ)係争行政行為の効果が不特定多数の者に関係していることが前提として必要である。そして，係争行政行為の効果の具体的

広がりの関連では，㈡係争行政行為によって開始された公共事業が社会や多数の者に利益を与えるものであること，さらに㈢係争行政行為によって不特定多数の者が既に具体的利益を得ていること等が，行政訴訟段階での公共利益の存在を認定するうえでの出発点となるものと思われる。そのうえで，取消判決によって行政行為の効力を遡及的に取り消すことが国家や社会に重大な損害を与えるかが判断されることになる。

　以上の一応の公共利益の存在の㈠から㈢の認定基準についていえば，㈠は特定な利益，または特定な者の利益は公共利益としては認定されないことを意味している。そして，㈡は公共利益の認定のための必要条件といえようが，とりわけ土地収用の場合を考えてみると，手続的違法があることを行政機関が知っていても，土地収用の決定をして工事を開始してしまえば，少なくとも訴訟において取消判決が下されることはないことになり，違法な土地収用の決定の増大をまねく危険性と結合する側面があることには留意しておく必要があろう。土地収用の場合には，㈢は土地収用およびその後の建築工事が完成したあと，土地の使用者たちが享有する利益を意味する。そして，それらの利益を保護するため，土地を以前の状態に回復させることは認められないことになる。

　最後に，公共利益の保護の観点から違法な行政行為に対して取消判決ではなく違法性を確認する判決を出す場合に，判決が同時に損失補償を命じる場合があることに注目する必要がある。この損失補償による損害への救済が行政訴訟段階で「完全」になされるのであれば，行政賠償訴訟の段階で公共利益の保護の観点から合法的権利・利益の侵害が否定されることを問題とする必要はない。しかし，実際の判例を見ると，損失補償額に不満がある場合に，さらに行政賠償訴訟で被害者が考える完全な補償額との差額を国家賠償という形で求められるかという問題が残っており，この場合に公共利益の考慮要素が再び行政賠償訴訟での賠償請求を否定するものとして姿を現わすのではないかという危惧がある。

⑵　行政賠償訴訟と公共利益

　行政訴訟の段階において，公共利益の保障の観点から取消判決ではなく違法

性を確認するだけの判決がなされた場合，その行政訴訟での公共利益の判断が
行政賠償訴訟での合法的権利・利益の侵害要件の審理に影響を与えるのではな
いかという問題がある。

　まず，この問題で影響があると思われる判例を見てみよう。

【韶関市テイ江区人民法院 2015 年 3 月 12 日判決】[73]

　被告であるＫ省Ｓ市所在のＱ区（以下，Ｙという）は，同区にある省道の改
修のため，道路沿線の土地の収用（土地使用権の回収）をおこなった（以下，
「本件土地収用」という）。原告である同区にあるＡホテル（以下，Ｘという）
の土地も本件土地収用の対象とされたが，Ｘは，土地収用処分の対象となる土
地面積が過大に広く認定されたことと，損失補償金額が低すぎる点を不満とし
て行政訴訟と行政賠償訴訟を提起した。

　Ｋ省Ｓ市Ｔ区人民法院は，ＹとＸが損失補償金額について合意していないた
め，「土地管理法」第 58 条第 1 項[74] に基づき，Ｙは「Ｋ省Ｓ市に土地使用権の
回収決定の承認を求めなければならないにもかかわらず，自らの名義のみで収
用決定（以下，「本件収用決定」という）を出しており，……その行為（本件収
用決定：筆者注）には手続上の瑕疵がある……が，収用対象がＸに限られておら
ず，収用活動もすでに完了し，本件収用決定を取り消せば公共利益に重大な損
害を与え，またＸが土地の回収自体は認めていることに鑑みて」，本件土地収用
には手続的違法（手続規定に違反する）があるとの違法性を確認する判断のみ
を示した。

　さらに，Ｋ省Ｓ市Ｔ区人民法院は，「補償の金額をめぐってＸとＹの合意が
できないため，評価組織の法に従う評価に基づいて補償せよ」と命じたが，Ｘ
の賠償請求については，「本件土地収用が商業的な開発ではなく，公共利益のた

73　当該事例の番号は，（2015）韶湞（広東省韶関市テイ江区のテイ）法行初字第 6 号であ
　　る。

74　土地管理法第 58 条第 1 項「次に掲げる場合のいずれかがある場合には，関係人民政府
　　の土地管理組織がその土地の使用を許可した人民政府または許可権限ある人民政府に承認
　　を得てから，国有土地使用権の回収を行うことができる。㈠　公共利益のために土地を使
　　用する必要がある場合」

めの道路建設であるので，手続上の瑕疵があるとしても，その本質に合法的な
根拠がある」と認定し，「手続上の瑕疵は必ずしも賠償を惹起しない」としてX
の賠償請求を棄却した。

　この事例では，行政訴訟段階では行政行為の手続的違法を理由として違法性
を確認する判決が出されたが，この判決は実体的違法の存否を審理対象として
いないので，行政賠償段階で実体的違法の存否が判断されるべきことになる
（本書でいう，行政賠償段階で第２段階の違法性審査がなされる事例である）。この
ような性格をもつ行政賠償訴訟を，本書では「違法性未定」の状態で行政賠償
訴訟がなされるという表現（位置づけ）で呼んでおり，この違法性未定の場合
における行政賠償訴訟という点でも興味ある事例であるが，ここでは行政賠償
訴訟における公共利益の考慮という点から注目するものである。本件判決は，
Xの損害賠償請求につき，「本件土地収用が商業的な開発でなく，公共利益の
ための道路建設であるので，手続上の瑕疵があるとしても，その本質に合法的
な根拠がある」として，公共利益の保護（優先）の観点から合法的権利・利益
の侵害は認められないと判示している。この判示内容は，すでに損失補償を命
じていることの影響もあるが，行政賠償訴訟における合法的権利・利益の侵害
要件の審理に公共利益の保護という要素を組み入れて，結果的に合法的権利・
利益の侵害はないとしたものと評価してよいであろう。

　このような行政訴訟での公共利益の保護についての判断を受ける形で，行政
賠償訴訟の合法的権利・利益の侵害要件の判断に公共利益の保護という基準を
持ち込む判決がある一方，他方で行政訴訟の公共利益の保護についての判断と
行政賠償訴訟での合法的権利・利益の侵害要件の判断を切り離していると評価
できる判例もある。以下に紹介する事例は，そのような判例であると思われ
る。

【最高人民法院 2018 年 5 月 8 日判決】[75]

　被告である W 省 K 市所在の S 区（以下，Y という）は，自然保護区の設置・拡大のために同市の市民である原告（以下，X という）の工場を収用対象として土地収用決定（以下，「本件土地収用決定」という）をおこなった。X は，Y の土地収用による土地使用権の回収が違法であり，適切な補償がなされていないとして，行政訴訟と行政賠償訴訟を併せて提起した。

　第一審の W 省 K 市中級人民法院と第二審の W 省高級人民法院は，Y の本件土地収用決定が土地管理法第 58 条第 1 項でいう「関係人民政府の土地管理組織が土地使用を許可した人民政府または許可権限を有する人民政府の承認」を求める手続きに違反するために違法であると認定したが，本件土地収用を取り消せば，公共利益に重大な損害を与えるとして，行訴法第 74 条第 1 項第 1 号に基づき，行政訴訟では本件土地収用決定を取り消さずに違法性の確認のみをおこなった。

　最高人民法院は，まず，「公共利益は不確定の概念である。一種の公共利益の実現が常に個人利益の減損を対価とするため，公共利益を定義づける際には比例原則にしたがって，減損する個人利益と増加する公共利益を衡量することで，極限的に小さい利益のために大きな損害を招くことを避け，減損する個人利益へ必要な公平で適切な補償もしくは賠償をしなければならない」と指摘した。そのうえで，本件土地収用の取消しについて，「取り消せば，自然保護区の保護・管理および開発プロジェクトの推進・実施に影響し，社会資源の浪費をもたらし，公共利益に損害を与える。そして，係争土地が既に関係会社に譲渡されているため，本件土地収用の取消しは，関係行政機関への……信頼性を破壊すると同時に，合法的な手続きによって本件土地の使用権を取得した第三者たる会社の合法的な権利・利益を侵害することになる」として，下級審と同様に取消判決をせずに違法性の確認にとどめる判断を示した。そして，行政賠償について最高人民法院は，国賠法第 4 条第 4 号に基づき，X は「国賠法に基づいて救済を求めることができる」と判示した。

75　当該事例の番号は，（2017）最高法行申 8518 号である。

　本件は，土地管理法第58条第1項に関して，必要な許可を得ることなく行政機関が土地収用決定をおこなったことが違法であるとされた事例であり，前掲の省道の改修のための土地収用の事例の判決と同様に，違法性を確認にとどめる判決がなされたものである。しかし，本件においては，最高人民法院が，行訴法第74条第1項第1号でいう取消判決を禁ずる公共利益の具体的な内容を述べている点が重要である。その公共利益の内容は，土地収用によって既に利益を得た不特定多数の者の利益（自然保護区の保護・開発プロジェクトの実施のために既に投入した社会資源，既に本件土地使用権を取得した者たちの合法的権利・利益）である。さらに，最高人民法院は，同号での公共利益の衡量について，比例原則にしたがって，侵害された私人の合法的権利・利益と得られる公共利益とを比較し衡量して，「小さい利益のために大きな損害を」招かないようにしなければならないと明示した。要するに，行訴法第74条第1項第1号は，公共利益と合法的権利・利益要件との衡量をおこなったうえで適用されなければならないとする。

　そして，この判決の最大の注目点は，行政訴訟では公共利益の保護の観点から違法な行政行為を維持する判断をしながら，この判決を受けての行政賠償訴訟において賠償による救済の可能性を認めていることである。本件判決は，実際に賠償責任の成立についての結論を述べたものではないが，行政訴訟段階において，重大な公共利益の侵害を理由として違法な行政行為（土地収用決定）の効力を維持させる違法性の確認にとどめる判決がなされているにもかかわらず，その判断が行政賠償訴訟に影響を与えず，国賠法第4条第4号（違法な財産の収用・使用に対する行政賠償）によって救済をはかることができるとしていることである。これは，行政賠償訴訟の合法的権利・利益の侵害要件の審査において公共利益の保護が考慮されるとしても，行政訴訟での公共利益の保護にかかる判断が，そのまま修正をうけないで行政賠償訴訟でも認定されるということはなく，発生している損害の填補を損害賠償という方法でおこなう行政賠償訴訟の固有の目的のなかで独自の基準で認定されるべきことを意味している。

　以上，公共利益の保護が問題となった2つの事例を紹介したが，合法的権利・利益の侵害要件に関する前者の判決の判断枠組み（行政訴訟段階での，行政行為を取り消せば重大な公共利益の侵害をまねくとの認定を，そのまま行政賠償訴訟段階での合法的権利・利益の侵害の判断に引き継ぐ）には賛成しえない。

3　行　　為

　行為要件は，上述のように，職務行為，違法な行為，免責事由がないという3つの判断要素を含む。この3つの判断要素の内容は，以下のようになる。

㈠　職務行為について

　中国国賠法では，ある行為が賠償責任の対象となるための行為要件に該当するためには，その行為は職務行為でなければならない。職務行為は，国家機関またはその職員が法によって授権された職責・義務を履行することを意味する[76]。その職務行為の該当性判断基準については，主観的基準説と客観的基準説がある。主観的基準説は，その行為の性格を行為者の主観的意思に基づいて判断する。すなわち，国家機関の職員が国家機関の命令に従い，または国家機関の利益のためにおこなった行為が職務行為であるとする。客観的基準説は，客観的，外形的にみて社会通念上から職務の範囲に属するもの，または客観的にみて職務の執行と関連するものを職務行為とする。中国の学界では，客観的基準説が有力である[77]。しかし，職務行為の該当性は，客観的基準説を基にして，さらに行為の時点，空間，名義，目的等の具体的な考慮要素を考えながら職務行為の該当性を判断しなければならない[78]。

76　馬懐徳『国家賠償法学（第2版）』中国政法大学出版社（2007年）37頁。

77　姜明安主編『行政法与行政訴訟法（第6版）』北京大学出版社・高等教育出版社（2015年）559頁。

78　馬・前掲(注76)39頁。

㈡　違法行為の具体的類型化

　国賠法第3条，第4条，第17条，第18条は，国家賠償の対象となる違法行
為を具体的に規定している。このように国家賠償の対象となる行為を具体的に
列挙している立法例は，世界的にみても特殊性のあるものと考えられるが，救
済を求める国民にとって理解が容易であるとともに，行政機関に対しての違法
行為の具体的抑制効果を有するといえる。しかし，具体的列挙は，それに含ま
れない行為を救済対象から排除するのであるから，列挙した項目に含まれるか
否かの判断が困難な場合を生じさせることも否定できず，この判断が厳格にな
されることになれば，救済の範囲を狭める危険性もある。しかし，後述するよ
うに，具体的列挙条項のあとに包括条項が置かれていることもあり，また現実
的にも，この具体的列挙は救済の観点から広く評価してよいものと思われる。
　具体的列挙されている項目は，⑴違法な人身の自由に対する強制措置，⑵暴
力行為，⑶違法な武器の使用，⑷違法な財産に対する処罰または強制措置，⑸
違法な収用・使用等に分類できる。それぞれの行為の内容は，以下のようなも
のである。

⑴　違法な人身の自由に対する強制措置

　この強制措置は，国賠法第3条で規定されている行政強制措置，いわば違法
な人身の自由を制限する行政強制措置（行政拘留を含む。同条第1号），違法な
人身の自由の剝奪（不法拘禁を含む。同条第2号），さらには同法第17条で規定
されている刑事強制措置，すなわち刑事訴訟法に違反する勾留（刑事訴訟に従
っておこなったが，その後に刑事責任を追及しないことになり，かつ期限を超えた
勾留を含む。同条第1号）が含まれる。

⑵　暴力行為

　暴力行為には，拷問（国賠法第17条第4号），殴打，虐待，または他人の殴
打・虐待を唆し・見逃す行為（同法第3条第3号，第17条第4号）が含まれる。
さらに，この場合には，国家機関の行為と損害結果の間に因果関係が存在する
ことを推定する旨の規定（同法第15条第2項，第26条第2項）があることに留

意しておく必要がある（「法律上の推定」といわれるものである）。

(3)　違法な武器の使用

　これには，通常の武器のみならず，その他の警察装備（国賠法第 3 条第 4 号，第 17 条第 5 号）も含まれる。

(4)　違法な財産に対する処罰または強制措置

　これには，国賠法第 4 条で規定されている過料，許可の取消し，営業・生産の停止命令，財産の没収等の行政処罰（同条第 1 号），不動産の査封，動産の扣押，口座の凍結（ここでの査封と扣押は法文の原文のままに表記したが，特記がない限り，この 3 つに共通する性格から，この 3 つを合わせて，以下では「差押え」という）等の財産に対する行政強制措置（同条第 2 号），さらに，同法第 18 条で規定されている刑事強制措置となる差押え（同条第 1 号）が含まれる。

(5)　違法な収用・使用

　これは，行政賠償に限って規定されている列挙事項である（国賠法第 4 条第 3 号）。

　違法行為の具体的列挙の内容は以上の(1)〜(5)の通りであるが，違法行為の具体的列挙については，2 点を注意しなければならない。まず，①行政賠償の規定には具体的列挙のあとに「その他の違法行為」という包括条項が存在しているのに対して（国賠法第 3 条第 5 号，第 4 条第 4 号），刑事賠償の規定にはそれがない。そして，② 2010 年の国賠法改正によって，（故意・過失はもちろんのこと）違法性も一切問わずに国賠法が規定する具体的列挙事項に結果的に該当さえすれば，刑事賠償では賠償責任を認められる規定が導入された点である。それは，不当逮捕（国賠法第 17 条第 2 号）と冤罪事件（同法第 17 条第 3 号，第 18 条第 2 号）の場合である。不当逮捕は，逮捕した後に事件の取下げ，不起訴決定または無罪とされ，刑事責任の追及が未達成で終わった場合を意味する。冤罪事件は，有罪にされ，かつ刑罰を執行してしまったあとに無罪とされた場合である。この場合における賠償対象は，身柄拘束による人身的損害のみならず，罰金・没収による財産的損害も含む。

㈢　免責事由

国賠法第 5 条，第 19 条は，免責事由を規定している。中国国賠法における免責事由は，⑴私的行為，⑵被害者の自己行為，⑶他の法律の定める免責事由に該当する行為によって損害が発生している場合である。

⑴　**私的行為**

これは，「職員」がおこなった職権の行使と関係がない行為により損害が発生しているものである（国賠法第 5 条第 1 号，第 19 条第 4 号）。

⑵　**被害者の自己行為**

これは，虚偽の供述および偽証する行為を含む被害者の自らの行動によって損害を被った場合におこなった行為を意味する（国賠法第 5 条第 2 号，第 19 条第 1 号，第 5 号）。

⑶　**他の法律の定める免責事由に該当する場合**

これは，国家賠償法以外の法律に基づいて国家賠償責任が免責される場合である。この免責規定について行政賠償は，「法律で規定されるその他の場合」（国賠法第 5 条第 3 号）と定めるのみであるが，刑事賠償の免責規定は未成年犯罪の場合（同法第 19 条第 2 号），軽犯罪の場合（同条第 3 号），「法律で規定されるその他の場合」（同条第 6 号）と定め，それらの免責事由に該当するか否かは刑法等の規定する要件によって判定されることになる。

㈣　不作為

不作為にかかる国家賠償責任については国賠法で明示的に示されていないが，講学上，違法行為の様態には作為と不作為が含まれると解されている。また，中国法では，不作為または法定の職責を履行しない等の表現の代わりに，「職責の履行を怠る行為」という表現が採用されている。そして，職責の履行を怠る行為とは，国家機関およびその職員が，国民・法人またはその他の組織に対して，その職責によって特定の㈦作為義務を負い，かつ㈹履行できるにもかかわらず，履行せず，履行を引き延ばし，または不完全な履行しかおこなっ

ていない行為を意味する[79]。

　作為義務の根拠は，法の規定にとどまらず，組織の自主規制に関する規定，行政における先例，既に効力が生じた法的文書等も含んでいるとされる[80]。つまり，作為義務の違反は，作為義務を生じさせる根拠となる法的資料の範囲を拡大することで作為義務の範囲を広く把握し，救済の範囲を拡大しようとするものである。履行できるとは，その作為義務が履行可能なものでなければならないことを意味する。事実上，履行できない場合，または比例原則にもとづき行為をなすためにかかる費用が効果を遥かに上回る場合には，作為義務が認識されるとしても不履行に対しては賠償責任を負う必要がない[81]。

4　損　　害

　損害要件については，損害の認定と賠償金の算定が重要な内容である。国賠法は，第 4 章で賠償方法および算定基準についての独立の章を設けている。そして，財産的損害については，積極的損害しか賠償しない。また，侵害する権利の種類により損害の認定要件を，人身権侵害による損害（国賠法第 33 条，第 34 条）と財産権侵害による損害（同法第 36 条）に分けて規定している。そして，賠償金の算定については，損害評価の項目別に損害を評価し，その個別の損害項目で認定した金額を積み上げ，その総額を賠償金額とする。この損害賠償の方法と算定基準に関する具体的な定めが置かれている点は，比較法的に見て中国国賠法の特徴といえる。

㈠　人身権侵害による損害

　人身権侵害による損害は，人身の自由に関わる損害と生命・健康に関わる損

79　沈巋『国家賠償法原理与案例（第 2 版）』北京大学出版社（2017 年）248-249 頁。沈巋「論怠于履行職責致害的国家賠償」中外法学（2011 年第 1 期）82 頁。
80　沈巋「論怠于履行職責致害的国家賠償」中外法学（2011 年第 1 期）85-86 頁。
81　杜儀方『行政不作為的国家賠償』中国法制出版社（2019 年）105-106 頁。

害を含む。

　人身の自由に関わる損害の場合には，「前年度の中国全国平均日給」に「拘
束された日数」を乗じて算定する（国賠法第 33 条）。この場合は，刑事賠償は
国賠法第 17 条に規定するように多様な人身権侵害が賠償対象の項目として規
定されているが，行政賠償では行政拘留のみが人身権侵害に対する賠償項目と
される。

　生命・健康に関わる損害（同法第 34 条）については，さらに(イ)身体の傷害
（同条第 1 号），(ロ)労働能力の喪失（同条第 2 号），(ハ)死亡（同条第 3 号）という 3
つの場合がある。そして，たとえば(イ)と(ロ)の被害が同一の被害者に同時に発生
した場合の賠償額は，(イ)と(ロ)の損害額が別個に算定されて合算されることにな
る。

　(イ)の場合には，賠償項目が医療費，介護費および収入の減少からなる。収入
の減少にかかる賠償金の最高額は，中国前年度全国平均年給の 5 倍である。

　(ロ)の場合には，賠償項目が医療費，介護費，障害によって使用する補助用具
の代金，リハビリの費用，継続治療の費用，障害賠償金からなる。その中で，
障害賠償金は，労働能力喪失の度合いに基づいて算定するが，最高額の制限が
ある。最高額は，前年度全国平均年給の 20 倍である。そして，労働能力を全
部失った場合には，被害者が扶養する労働能力がない者の生活費も賠償額に含
まれる。ここで扶養される労働能力がない者とは，被害者の親と未成年の子供
のことをいう。親の場合には，生活費の支払いが死亡まで続く。子供の場合に
は，生活費の支払いが成年となる 18 歳まで続く。また，条文で明示していな
いが，交通費および弁護士費用の請求を認める場合もある。

　また，多くの場合において，(イ)と(ロ)の損害が関連して発生しているため，こ
のような事例での損害額の算定事例を紹介する。

【西安市鉄路運輸中級人民法院 2017 年 4 月 12 日判決】[82]

　被告 L 街道弁事処（Sub-district Office。基礎政府の派遣組織であり，市町村の派遣組織と理解できる。以下，Y という）は，管轄区域内の住民である原告（以下，X という）が許可を得ずに家屋を築いたとし，強制取壊しを行い，その作業中に X を骨折させた。当該強制取壊しが違法であることが判決で確定したあと，X は Y に賠償請求を提出した。審査期間を徒過しても返答がなかったことから，X は行政賠償訴訟を提起した。

　X は，①医療費 36,287.74 元，②補助用具代 1,269 元，鑑定結果によって X の障害が障害程度の 9 級に該当するために，③継続治療の費用 8,000 元と，④障害賠償金 63,241 元（前年度全国平均年給）× 20 × 20 % = 252,964 元，⑤収入の減少 242.3 元（前年度全国平均日給）× 150（休み日数）= 36,345 元，⑥介護費 100 元（毎日介護代）× 90（雇用日数）= 9,000 元，⑦交通費 2,336.6 元，⑧精神的損害慰謝料 30,000 元，⑨鑑定の代金 3,200 元，⑩食事代 1,067 元，⑪弁護士費用 15,000 元，⑫弁護士の交通費 2,000 元等を請求した。

　人民法院は，①，②，③，④，⑤，⑥，⑨を認めたが，過失相殺で Y が総額の 70 % の賠償責任を負うとした。⑦については，国家賠償の賠償項目ではないことを理由とし，賠償責任を認めなかった。⑧については，情状を酌量して 3,000 元とした。⑩，⑪，⑫については，法的根拠がないとし，請求を棄却した。

　(注)　事業主体が賠償義務機関となりえるかの検討の際に紹介した吉林市中級人民法院 2017 年 5 月 19 日判決は，交通費および弁護士費用を賠償額の算定に含めている。このことから，交通費，弁護士費用の賠償認定については，人民法院の裁量に委ねられていることになるが，この点の認定基準には不明確さが残っているといえる。

　(ハ)の場合には，死亡賠償金，葬儀費用からなる。死亡賠償金と葬儀費用の総額は，定額であり，前年度全国平均年給の 20 倍である。そして，生前に扶養する労働能力ない者がいる場合には，その者の生活費も賠償額に加算される。(ハ)の場合の賠償額の算定方法の一例を見ておこう。

82　当該事例の番号は，(2017) 陝 71 行賠終 12 号である。

【斉斉哈爾市中級人民法院 2019 年 3 月 14 日判決】[83]

　被告 F 県公安局（以下，Y という）の職員は，当県住民である原告 X が酩酊状態になり，レストランで暴れたため，X を S 路派出所に連行し，拘束的な状況のもとで酔い覚めの措置（強制措置）をおこなった。この拘束中に X の心臓病が発症し，病院に搬送された後に死亡した。X の家族は，強制措置の違法確認を求める行政訴訟と，それを基礎とする国家賠償請求訴訟を提起した。人民法院は，拘束的な酔い覚め措置が違法であるとし，賠償請求を認めた。

　損害の認定については，人民法院は，「①死亡賠償金，葬儀費用の総額は，前年度国家平均年給の 20 倍で，74,318 元 × 20 = 1,486,360 元である。葬儀費用が含まれている。②収入の減少については，当日に死亡したため，生じていない。③生活費について，X の親からの請求は自らによって取り下げられたため，審査しない。X の子供が未成年で扶養者は 2 人ということになるが，現在 1 人になっている。そのため，その生活費は，前年度の都市部常住住民の平均生活出費 19,270 元 × 2（成年までの年数）÷ 2（1 人分）= 19,270 元である。④精神的損害慰謝料については，X の家族の請求額 20 万元は高額に過ぎるため，情状を酌量して減少すべきである」と判示した。さらに因果関係の判断によって，Y が責任の 25 ％を負うべきであると判断したため，認めた賠償金は，①，③の 25 ％（(1,486,360 + 19,270) × 25 ％），④ 5 万元（この精神的慰謝料の金額（5 万元）は，単純計算で親族の請求額（20 万元）の 25 ％であるが，その算定が必ずしもこういう方法で算出されるわけではない）= 426,407.5 元である。

　人身権侵害による損害の場合，賠償金は，項目別に積み上げて合算して算出される。賠償項目については，法律で規定されていないものとして，交通費と弁護士費用が争点になる。これについては，上述のように，人民法院の裁量に委ねられる状況である。そして，項目別に積み上げた金額が，必ずしも最終決定金額ではない。この後に，過失相殺，共同不法行為の場合における責任分配等が考慮されなければならないからである。国賠法では過失が賠償要件とされ

83　当該事例の番号は，（2019）黒 02 行終 18 号である。

ていないため，過失相殺は，加害者と被害者の「責任分配」という表現をされ
ることになる。その責任分配は，共同不法行為の場合における責任分配も同様
であるが，因果関係要件によって認定される。この因果関係要件の具体的な問
題は後述する。賠償の認定によって算定した金額を責任分配の比率で割り引い
た後の金額が，最終的な賠償金の額である。

> ㊟　2010 年法改正では，精神的損害慰謝料に関する国賠法第 35 条が新設された。前掲の
> 事例でも，この精神的損害慰謝料が認められているところであるが，精神的損害慰謝料
> は，主に刑事賠償での適用で問題とされる場合が多いことから，第 3 章の刑事賠償の部
> 分で触れる。

㈡　財産権侵害による損害

　国賠法第 4 条（行政賠償）と第 18 条（刑事賠償）においては，財産権侵害の
場合における具体的な加害行為を列挙している。そして，同法第 36 条におい
ては，行政賠償と刑事賠償に共通する財産権侵害による損害の賠償金につい
て，加害行為を種類別に区分して算定基準を規定する。当該条文は，8 つの場
合を掲げている。それを類型化すれば，(1)財産がなお存在する場合，(2)財産が
毀損または滅失した場合，(3)関連損害の場合，の 3 種類に分類することができ
る。

(1)　財産がなお存在する場合

　この場合（国賠法第 36 条第 1 号，第 2 号前段）は，原状回復をもって損害賠
償とするものである。さらに，これは 2 つの場合に分かれる。1 つは，財産の
強制的移転によって損害を与えた場合には，返還できる財産があれば返還する
と定める。この財産の強制的移転というのは，その表現に相応しない印象もあ
るが，罰金，追徴，没収，収用，使用等によって損害を与えている場合であ
る。もう 1 つは，財産が強制措置のもとに置かれることで損害を発生させてい
る場合，すなわち，差押え等のもとに置かれている場合には，強制措置を解除
するとする。

(2)　財産が毀損または滅失した場合

　この場合（国賠法第 36 条第 2 号後段，第 3 号，第 4 号，第 5 号）には，賠償金

を支払うと定める。この場合は，財産が毀損した場合と財産が滅失した場合に分かれる。財産が毀損した場合には，原状回復，いわゆる修理ができれば，原状回復させるとするが，できなければ，毀損の度合いに照らして賠償する。財産が滅失した場合には，その財産の価値に見合った相応の賠償をする。そのほか，財産が競売または換金されることで損害が発生する場合もある。この最後の場合は，以下のような形で発生する。

　刑事訴訟で刑罰に処された被告が現金で被害者に賠償金を支払えないとき，人民法院は，被告の不動産を競売することができる。そして，この競売物件の売却代金をもって被害者への賠償金とする。しかし，被告が後に再審で無罪とされ，刑事賠償を請求するという場合が発生しうる。この場合，被告の不動産の所有権は競売によって既に第三者が合法的に取得している。財産が滅失していないが，所有権が既に第三者に移転しているので，競売物件の被告への返還による原状回復は，第三者の所有権を侵害することになる。そのため，こういう場合は，財産が滅失した場合と同様に賠償する。

(3)　**関連損害の場合**

　この場合（国賠法第36条第6号，第7号）は，違法な命令等で営業・生産が停止された場合でも，設備等の維持のための経済的負担が発生することから，その停止の期間内に必要となった出費と，違法に凍結した現金等の凍結解除の場合には，その期間内に応じた定期預金の利息を賠償すると定める。

　最後に，同条第8号は，包括条項であり，財産権に対するその他の損害については，直接に生じた損失に基づいて賠償すると定めている。

　財産権侵害による損害に関する賠償問題は，預金の違法な凍結等で生じる場合もあるが，主として土地収用に関連して生じるものである。この土地収用をめぐる事例を以下に紹介しておこう。

【最高人民法院 2018 年 1 月 25 日判決】[84]

　　被告 L 区（以下，Y という）は，「家屋収用決定」を出し，当区の住民である
原告（以下，X という）の家屋（以下，「本件家屋」という）を含む一定範囲の
区域に対して改造工事のための収用を行い，収用補償について X と合意してい
ないにもかかわらず，X の家屋を強制的に取り壊した（以下，「本件取壊し」と
いう）。X は，自分の家屋について原状回復を求める国家賠償請求訴訟を提起し
た。

　　第一審・第二審人民法院は，本件取壊しが違法であることを認めたが，X の
損失が補償によって解決されるべきであるとして，Y に「補償プラン」に基づ
いて X に補償するように命じた。これに対し最高人民法院は，「本件取壊しが既
に重大かつ明白な違法であるため，法に従って損害賠償をすべきである」と述
べ，国賠法第 36 条に規定する類型の賠償責任があることを認めた。

　　最高人民法院の認定によれば，本件損害は，(イ)家屋，(ロ)営業・生産の停止，
(ハ)屋内の品物という 3 つの部分を含む。

　　(イ)については，最高人民法院は，「本件家屋が既に都市改造の対象であり，か
つ取り壊されていたため，原状回復ができない。……本件家屋に対する賠償は
改造区域または近傍類似地の市場価格を下回ってはならない」とし，賠償方式
について，「改造区域または近傍類似地の同類型家屋」を提供するか，「賠償決
定を出す際の不動産の市場価格を基にして賠償金を算定」するかのいずれかの
方法を選択できると判示した。

　　(ロ)については，最高人民法院は，本件における営業・生産の停止にかかる損
失について，「収用補償条例」（行政法規），「浙江省国有土地上家屋収用与補償
条例」（地方性法規），「金華市区国有土地上家屋収用与補償条例実施意見（試
行）」（行政規則）に基づいて，「住宅でない家屋の収用の場合には，営業・生産
の停止の損失は，収用される家屋の価値の 5 ％とする」と判断した。さらに，
当院は，営業・生産の停止の損失への損害賠償について，それが「家屋所有者

84　当該事例の番号は，(2017) 最高法行再 101 号である。本件は 2018 年第 6 期の「最高人
　　民法院公報」に掲載される。

が受けた収用による一時的な経営困難に対する補償にすぎず，一時的援助の性格を有するため」，この一時的な経営困難の期間につき，「適切な期間内を算定し，または家屋補償金を基にして適切な比率で算定するしかない。それと同時に，家屋所有者は収用または不法行為が生じた後の適切な期間内に，新しい場所を選び経営を再開しなければならない。自分自身の原因による経営の損失の全てを行政機関に負わせてはならない」と判示した。

(ハ)については，最高人民法院は，まず，「行政訴訟法」第38条第2項[85]に基づいて，原告が被告である行政機関の行為によって証明責任を尽くせないため，被告が証明責任を負うものであり，原告は「初歩」の証明責任のみを負うものであるとした。そして，原告が提供する現場の写真，毀損した品物のリスト等を基にし，市場価格を照らして，情状を酌量して損害賠償金の額を認定するべきものであるとした。

最高人民法院は，具体的な金額を示さなかったが，被告のL区に対して，判決の効力が生じた日から90日以内に判決に従ってXに賠償するように命じた。

中国国賠法は賠償の方法と算定基準を具体的に項目別に規定しているため，まずは，損害を発生させた行為がどの賠償方法・基準の項目に該当するのかが重要となる。ただし，具体的な金額の算定は，人民法院の裁量に大きく委ねられている。そのため，中国国賠法による損害賠償額の判定は，人民法院の裁量によって判断されるばかりでなく，このことから，地域，それぞれの人民法院によって異なる結論が出されている現状もある。

5 因果関係

国賠法上の因果関係については，これまで国賠法独自の因果関係として検討されることは少なく，民法上の因果関係に関する理論を参照しながら判断される状況にある。

---

85 行政訴訟法第38条第2項「行政賠償・補償の事件においては，原告が行政行為により生じた損害に対して証拠を提供しなければならない。被告が原因で，原告が挙証できない事態をもたらした場合には，被告が挙証責任を負担する。」

　中国法における因果関係については，相当因果関係説が有力である[86]。そして，相当因果関係は，事実的因果関係と法的因果関係という内容を含む。事実的因果関係は，加害行為がなければ，損害結果が発生しないという意味で捉えられている。これは，日本法上の事実的因果関係（「あれがなければこれなし」の関係。条件関係という）と同様である[87]。法的因果関係は，加害行為による損害結果の中で法に基づいて責任を負うべき損害を選別する。このことから，中国法における法的因果関係は，日本法での相当因果関係の「相当性」と同様に，法的価値判断で賠償すべき損害を一定範囲に限定するものである[88]。

　そして，中国国賠法においては，同法の第 3 条，第 4 条，第 17 条，第 18 条の各号で行為の様態と損害結果を詳しく規定している。このことから，事実的因果関係に関する判断は，国賠法で議論される余地があまりない。そのため，中国国賠法における因果関係の検討は，専ら損害結果から賠償すべき損害の範囲を選別することを主たる判断内容とする。それと同時に，同法での国家賠償責任の成立のためには，過失要件を要しないので，過失認定に基づく過失割合という基準で過失相殺を考慮することはない。因果関係の判断は，賠償すべき損害を選別するほか，責任の分配についても機能し，この責任の分配が事実上の過失相殺を考慮する機能を有しているともいえる。複数の行為によって一つの損害結果が生じた場合には，各行為者の責任の分配は，専ら因果関係の様態の類型化によって処理されることになる。

　また，中国国賠法における因果関係要件については，学界での検討がほとんどなされていない現状にある。そのため，ここでは，人身権侵害による損害の㈋の場合で掲げた斉斉哈爾市中級人民法院 2019 年 3 月 14 日判決（事例番号：(2019) 黒 02 行終 18 号）を以て，裁判実務における因果関係の認定に関する裁判の動向の一端を紹介する。

86　程嘯『侵権責任法（第 2 版）』法律出版社（2015 年）227-228 頁。
87　平井宜雄『債権法各論 II 不法行為』弘文堂（1992 年）82 頁。
88　吉村良一『不法行為（第 4 版）』有斐閣（2010 年）99 頁を参照。

【斉斉哈爾市市中級人民法院 2019 年 3 月 14 日判決】

　基本的経緯は既に紹介したところである。人民法院は，被告 F 県公安局（以下，Y という）の原告（以下，X という）に対しておこなった一連の行為が違法であると判断すると同時に，X が迎えに来た友人たちとも衝突していたため，賠償責任の分配のところで Y と X の友人たちのそれぞれの行為と損害結果との間の因果関係に関して判断した。

　当法院は，「鑑定意見書は，X の死亡原因は心臓病であり，飲酒・強烈な運動・情緒不安定がこの心臓病の発症を誘発する要素であると認定した。飲酒は，Y と関係がない。強烈な運動・情緒不安定は，Y と関係がある」とし，因果関係の有無について，「Y（の職員）が X と接触するときに身分を示していないが，この行為と X の死亡との間に法律上の因果関係がない。……酩酊状態であった X を Y（の職員）がレストランから派出所へと連行する際には，鑑定意見書が指摘している『情緒不安定・強烈な運動』の発生は免れない……したがって，警察の一連の行為の継続時間が長く，さらに X の身体状態，飲酒，警察が速やかに友人たちの不法行為を阻止していないこと等の要素を総合的に考察して，……Y が相応な賠償責任（25 ％）を負わなければならない」と結論付けた。

　本件判旨からみれば，因果関係の判断については，法律上の因果関係があることを要するとはしている。法律上の因果関係の具体的な内容については，日本の「相関因果関係説」の考え方を基礎的に採用しているように思われるが，因果関係の考え方について判決は明言していない。そして，人民法院は，Y の行為が X の死亡という結果を惹起する原因を誘発したと判示しているが，これは Y の行為が結果を惹起する条件の一つ（唯一の条件ではない）であると判断していることを示している。中国における因果関係の有無は，本件のみならず，実務においては専ら鑑定意見書に基づいて判断する。このため，日本法における因果関係の判断と異なり，中国国賠法における因果関係の判断は，専ら鑑定意見書の認定の解釈に重点を置いていることに留意する必要がある。

第３章　刑事賠償

第1節 責任成立の要件

　第2章では，国賠法第2章で規定されている行政賠償について検討した。この第3章では，国賠法第3章で規定されている刑事賠償について検討する。

1 賠償義務機関

　国賠法第17条，第18条では，取調べ，検察，裁判の職権を行使する機関および留置場，監獄管理機関を賠償義務機関として掲げている。その中では，検察の職権を行使するのは人民検察院であり，裁判の職権を行使するのは人民法院である。留置場については，2015年の「最高人民法院・最高人民検察院の刑事賠償事件の処理についての法律適用に関する若干問題の解釈」（司法解釈。以下，「刑賠解釈」という）**(巻末資料(4))** 第10条が，「留置場およびその職員が職権の行使について国民の合法的権利・利益を侵害し，損害を与えた場合には，留置場の管理機関が賠償義務機関になる」と規定している。そして，2014年の公安部の「公安機関の国家賠償事件を処理する手続きの規定」（部門規章）第2条第1項は，「公安機関およびその職員が職権の行使について，国民，法人またはその他の組織の合法的権利・利益を侵害し，損害を与えた場合には，当該公安機関が賠償義務機関になる」と規定し，同条第3項は，「留置場，依存症の強制治療センター等の身柄を拘束する場所およびその職員が第1項に規定する場合のいずれかに該当するとき，管理する公安機関が賠償義務機関になる」と規定している。要するに，留置場に対して刑事賠償を請求する場合には，それを管理する公安機関が賠償義務機関になる。留置場と異なり，2012年の「中華人民共和国監獄法」（法律）第10条は「国務院の司法部門が全国の

監獄の活動を管理する」と規定しているが，刑事賠償の場合には，監獄が独立の機関として賠償義務機関になる。

　そして，取調べの職権については，若干，紛らわしいところがある。取調べについては，2018 年の「中華人民共和国刑事訴訟法」第 19 条第 1 項は，「刑事事件の取調べは公安機関によっておこなう。法律が別に規定する場合を除く」と規定し，同条第 2 項は，「人民検察院は，訴訟活動に対する法的監督をおこなう際に，司法活動をする職員が職権を利用して，違法な拘禁，拷問，違法な取調べ等の国民の権利を侵害し，かつ司法の公正性を損なう罪を犯したことを発見した場合，（案件の：著者注）受理および取調べをおこなうことができる。公安機関が管轄する国家機関の職員が職権を利用しておこなった重大な犯罪について，人民検察院が直接に受理する必要がある場合には，省級以上の人民検察院の許可を経て，人民検察院は立案および取調べをおこなうことができる」と規定している。要するに，原則としては，公安機関が犯罪の取調べをおこなうが，職務犯罪については，人民検察院が取り調べることができる。このため，人民検察院が取調べをおこなったことにかかる国家賠償については，人民検察院が賠償義務機関となる。人民検察院が取調べにかかわって賠償義務機関となる場合については，以下のような事例がある。

【河南省鄭州市中級人民法院 2019 年 2 月 9 日決定】[89]

　賠償義務機関である Z 市 G 区人民検察院（以下，Y という）は，横領罪の嫌疑で大学教師（以下，X という）に対して立案および取調べをおこない，刑事勾留に処したが，Y の上級機関である Z 市人民検察院は，逮捕しない決定を出した。後に，Y は国家法律・政策の変化によって X の行為が犯罪とされなくなったことを理由として，事件を取り下げた。そこで，X は Y に刑事賠償を請求したが，拒否された。

　本件では，X は大学の教師として科研費の横領にかかわったとされた。大学

89　当該事例の番号は，（2018）豫 01 委賠 33 号である。

が事業主体として一種の国家機関であるため，本件は職務犯罪とされ，人民検察院が取調べの機関になった。Xの賠償請求は認められなかったが，本件の場合には，人民検察院であるYが取調べの職権を行使した機関として刑事賠償を請求される被告となることは明らかである。

　しかし，本件は2016年に起きた事件である。2018年には，国家機関の職員の犯罪に対する規制について重大な変化があった。それは，「中華人民共和国監察法」（以下，「監察法」という）の施行である。2018年の監察法第3条は，「各級監察委員会が国家監察の権能を行使する専門機関であり，本法に基づいて全ての公権力を行使する公職人員に対して，監察をおこない，違法な職務行為と職務犯罪を取り調べ，廉潔な行政の構築および反腐敗活動を展開し，憲法および法律の尊厳を維持・保護する」と規定している。そして，同法第11条第1号は，「監察委員会は本法および関係法律に基づいて，監督，調査，処置の職責を履行する」と規定したうえで，同条第2号で，「横領，賄賂，職権の濫用，汚職，私情による不正の働き，または国家資源の浪費等の違法たる職務行為もしくは職務犯罪について調査をおこなう」と定め，さらに同条第3号で，「違法にかかわる公職人員に対して職務処分を決定する。職責を尽くさない指導者に責任を問う。職務犯罪にかかわる場合には，調査の結果を人民検察院に移送し，人民検察院が法に従って審査をおこなった後に公訴を提起する。監察対象がいる組織に監察建議を提出する」と規定している。要するに，監察委員会は，職務犯罪について，自らが取り調べる（監察法で調査という）権限を持ち，その調査結果を人民検察院に送付する。このことから，国賠法第17条でいう取調べの権限を行使する機関には，監察委員会も含められるはずである。さらに，監察法第67条は，「監察機関およびその職員が権限の行使について，国民，法人またはその他の組織の合法的権利・利益を侵害し，損害を与えた場合には，法に従って国家賠償を与える」と規定している。それゆえ，監察機関も賠償義務機関になると解されるが，監察機関が賠償義務機関の被告とされた賠償請求の事例は，未だに存在しないようである。

　また，公安機関については，それが主たる犯罪の取調べの機関である一方，

行政職権の行使の機関でもある。公安機関は，行政拘留をおこなう権限を有すると同時に，刑事勾留をおこなう権限も有する。そのため，公安機関が賠償義務機関になる場合には，行使した権限の性格によって異なる類型の賠償請求になることがある。それについては，以下のような事例がある。

【四川省涼山イ族自治州中級人民法院 2018 年 10 月 22 日決定】[90]

　賠償義務機関である H 県公安局（以下，Y という）は，県民である賠償請求人（以下，X という）が他人を怪我させたことを理由として，X の行政拘留を決定した。後に，故意傷害罪の容疑で X を刑事勾留に変えたが，結局は事件を取り下げた。X は，Y を被告とする刑事賠償請求をしたが，Y の賠償しない決定を不服とし，人民法院に刑事賠償を請求した。

　人民法院は，国賠法第 17 条第 1 項に基づいて刑事勾留の 36 日間から行政拘留の 10 日間を除いて 26 日間について人身の自由侵害に対する損害賠償を認めた。

　本件においては，公安局が賠償義務機関である。また，X に対する処分は，行政拘留と刑事勾留という 2 種類のものを含む。国家賠償請求を提起する際に，同じ公安局であっても，その処分の性格によって賠償請求の類型が異なる。行政行為による場合には，行政賠償を請求し，刑事にかかわる行為の場合には，刑事賠償を請求することになる。本件では X が刑事賠償の請求をおこなったため，刑事賠償の請求のみが審理対象とされる。そのため，人民法院では，行政拘留の期間についての国家賠償問題は審理の対象外とされた。行政拘留については，別途，行政賠償の請求を提起することができる。要するに，賠償義務機関の行使した職権の性格によって，国家賠償請求（訴訟）の類型が異なることになる。

　さらに，刑事訴訟の過程において複数の機関がかかわる場合，国賠法第 21 条では，それらの中でどの機関が賠償責任を負うかについて詳しく規定してい

90　当該事例の番号は，（2018）川 34 委賠 4 号である。

る。勾留の場合には，勾留措置を決定した機関が賠償義務機関になる。勾留措置の決定権限を有しているのは，公安機関か人民検察院かであるから，そのうち勾留措置を決定した機関が賠償義務機関となる。監察機関が調査の結果を検察院に送付した場合には，検察院が勾留措置を採るため，監察機関はこの場合における賠償義務機関にならない。

逮捕の場合には，逮捕措置を決定する機関が賠償義務機関になる。2018 年の「中華人民共和国刑事訴訟法」（以下，「刑訴法」という）第 80 条は，「容疑者，被告人の逮捕は，人民検察院の許可または人民法院の決定を経て，公安機関が執行しなければならない」と規定している。つまり，この場合の賠償義務機関は，人民検察院か，あるいは人民法院である。そして，勾留した後に逮捕措置を採る場合には，刑賠解釈第 10 条によれば，逮捕を決定する機関が賠償義務機関になる。

上訴審判決で無罪とされた場合には，原則として原判決を下した人民法院が賠償義務機関になるが，有罪判決を下した第一審人民法院の判決が上訴で破棄され，差戻審で無罪とされた場合には，有罪判決を下した第一審人民法院が賠償義務機関になる。

2 行　　為

国賠法第 17 条，第 18 条，第 19 条は，刑事賠償の行為要件に該当する場合，または該当しない賠償について規定している。つまり，㊀人身権侵害の行為，㊁財産権侵害の行為，㊂免責事由についての定めを設けている。

㊀　人身権侵害の行為

まず，国賠法第 17 条は，人身権侵害の行為の具体的項目として，(1)違法な刑事勾留，(2)不当な逮捕，(3)冤罪事件，(4)拷問等の暴力行為，(5)違法な武器の使用，を列挙している。

(1)　違法な刑事勾留

　国賠法第17条第1号に定める違法な刑事勾留には，①刑事訴訟法の要件および手続きに反して刑事勾留をおこなう場合と，②刑事訴訟の要件および手続きに従って勾留したが，勾留期間が法定期間を徒過し，かつ刑事責任を追及すべきでないために訴追手続きが終結した場合の，2つの行為が該当することになる。要するに，刑事訴訟法に違反して刑事勾留をした場合を意味している。

　この2つの行為のうちの②の該当性は，規定にあるように2点の要件で判断される。1つは，勾留期間の徒過である。もう1つは，刑事責任を追及すべきでないために訴追手続きが終結となることである。

　刑訴法は，取調べの期間の延長について規定している。刑訴法第91条は，「公安機関が勾留された者について逮捕すべきであると思量する場合には，勾留後3日以内に人民検察院に（勾留について：筆者注）審査・許可を要請しなければならない。特殊な事情がある場合には，その期間は4日間まで延長することができる。逃亡を続けながら罪を犯し，それが複数回にわたり，さらには集団で罪を犯す重大な容疑者については，その期間を30日まで延長することができる（重大な事件の場合，最大の勾留期間は34日間になる：筆者注）」と規定している。さらに，同法第167条は，「人民検察院が直接に受理した事件で勾留された者について逮捕すべきであると思量する場合には，（勾留から：筆者注）14日以内に（逮捕を：筆者注）決定しなければならない。特殊な事情がある場合には，その期間は3日間まで延長することができる………（特殊な事情がある場合は，勾留から逮捕決定までの最大の期間が17日間になる：筆者注）」と規定している。また，同法第170条第2項は，「監察機関が留置措置をとった事件で，調査結果を人民検察院に送付する場合には，まず人民検察院は容疑者を勾留しなければならない。この結果，留置措置は自動的に解除されることになる。人民検察院は，勾留後の10日以内に逮捕，保釈または居住監視の決定をしなければならない。特殊な事情がある場合には，その期間は4日間まで延長することができる（監察機関から送付してきた事件について特殊な事情がある場合は，勾留から逮捕等の審査決定までの最大の期間が14日間になる：筆者注）」と規

定している。要するに，公安機関，検察院，監察機関がおこなった勾留（留置）については，特殊な事情がある場合は，勾留から逮捕決定までの審査期間を延長することができる。

> (注) 監察機関の「留置（措置）」は，勾留と同様の行為であると考えてよい。しかし，監察機関は新たに創設されたものであることから，従来の公安機関や検察院による勾留とは異なる名称と，若干の特別な手続きが設けられた。監察機関が身柄を拘束（＝留置）した容疑者を刑事訴追のルートに乗せるためには，検察院に身柄を送致して検察院での勾留という手続きを経由するものとされた。

国賠法第17条第1号の後段は，刑事責任の訴追手続きの終結について，事件の取下げ，不起訴決定，無罪判決の言い渡しという3つの場合を列挙している。それらの訴追手続きの終結については，刑訴法第16条が次のように規定している。

刑訴法第16条

次の各号に掲げる場合のいずれかに該当する場合には，刑事責任の訴追手続きをとらない。既に訴追手続きを開始している場合には，事件の取下げ，不起訴，審理の中止，または無罪を言い渡さなければならない。

一　犯情が著しく軽微で危害が少なく，犯罪としない場合。
二　犯罪が時効で消滅した場合。
三　特赦令によって刑罰が免除された場合。
四　刑法に従って告訴がある場合にのみ処理する犯罪について，告訴がなく，または告訴が撤回された場合。
五　容疑者，被告が死亡した場合。
六　他の法律が規定する刑事責任の訴追手続きを終結する場合。

要するに，刑訴法に反する勾留か，刑事責任を追及すべきでないために訴追手続きを終結し，かつ勾留期間を徒過した勾留は賠償対象となる。これについては，以下のような事例がある。

【刑事賠償を認めた事例：株州市中級人民法院 2017 年 2 月 9 日決定】[91]

　賠償義務機関である Z 市公安局（以下，Y という）は，職務横領罪で Z 市にある建設プロジェクトの担当者である賠償請求人（以下，X という）を刑事勾留に処した。そして，Y は，X が複数回にわたって罪を犯したことを理由に，7 日間勾留したうえで，さらに 31 日間にわたり勾留した。しかし，Z 市人民検察院は逮捕しない決定をし，後に不起訴決定をした。X は合計 38 日間拘束された。

　Z 市人民法院賠償委員会は，Y の勾留措置は合法であるが，38 日間の勾留期間は法が認める最長期間の 37 日間を超えたとし，違法な勾留であると認定し，賠償請求を認めた。

【刑事賠償を認めなかった事例：最高人民法院 2018 年 1 月 8 日決定】[92]

　B 市の市民である賠償請求人（以下，X という）は，雇用会社との労働紛争で 100 人を集めて雇用会社があるビルの前で集会を開き，横断幕を出してスローガンを叫ぶ等の行為をおこなった。賠償義務機関である B 市公安局は，この行為が集団で公共秩序を撹乱する罪に当たるとの理由で，X を勾留に処した。Y は，X が集団犯罪の首謀者であるとの理由で，7 日間勾留したうえで，さらに 31 日間にわたり勾留した。しかし，B 市 K 区人民検察院は，逮捕しない決定をした。X は合計 38 日間拘束された。

　最高人民法院は，本件勾留が刑訴法に違反せず，国賠法第 17 条第 1 項に該当しないと判示し，賠償請求を棄却した。

　この 2 件の事例は，同じく勾留措置をとった後，人民検察院が逮捕しない決定をし，賠償請求人を 38 日間拘束したものである。しかし，前者の賠償請求は認められ，後者の賠償請求は認められなかった。前述の国賠法第 17 条が定める⑴違法な刑事勾留の②の要件に照らしてみれば，この 2 つの事案は法の定める勾留期間を徒過し，刑事責任の訴追手続きを終結したという点では同様の

91　当該事例の番号は，（2016）湘 02 委賠 56 号である。
92　当該事例の番号は，（2016）最高法委賠 5 号である。

ケースである。それにもかかわらず，賠償請求についての結論が異なったのは，勾留理由とされた犯罪の内容の差異によるものである。

(2) 不当な逮捕

国賠法第17条第2号の定める不当な逮捕の場合についても，2つの要件が必要とされている。1つは，逮捕措置をとっていることである。もう1つは，刑事責任を追及すべきでないために訴追手続きを終結したことである。逮捕の要件については，刑訴法第81条第1項が次のように規定している。

刑訴法第81条第1項

犯罪事実を証明する証拠があり，有期懲役以上の刑罰に処される可能性がある容疑者・被告人に対して，保釈すれば次の各号に掲げる社会的危険性を防止できない場合には，逮捕しなければならない。

　一　新たな罪を犯す可能性がある場合。

　二　国家安全，公共安全または社会の秩序を害する現実的な危険性がある場合。

　三　証拠の消滅・偽造，または証人の証言を阻害し，もしくは証人と口裏合わせをする可能性がある場合。

　四　被害者，通報者，控訴人に復讐する可能性がある場合。

　五　自殺または逃亡を図る場合。

そして，刑事責任を追及すべきでないために訴追手続きを終結したことが要件として求められる点は，刑事勾留と同様である。しかし，国賠法第17条第1号，第2号で列挙されている場合のほか，同条第1号，第2号でいう刑事責任の訴追手続きの終結に該当する場合を刑賠解釈第2条第1項が以下のように定めている。

刑賠解釈第2条第1項

　勾留または逮捕措置を解除，取り消した後，未だに事件の取下げ，不起訴決定もしくは無罪判決の言い渡しをおこなっていないが，次の各号に掲げる場合のいずれかに該当するとき，国賠法第17条第1号，第2号で定める刑事責任の訴追手続きの終結があったものとみなす。

　一　事件の担当機関が容疑者に対する取調べの終結を決めた場合。

　二　保釈，居住監視，勾留，逮捕措置を解除，取り消した後，事件の担当機関が1年を経過しても公訴，不起訴決定または事件の取下げをおこなっていない場合。

　三　保釈，居住監視の法定期間が到来した後，事件の担当機関が1年を経過しても公訴，不起訴決定または事件の取下げをおこなっていない場合。

　四　人民検察院が起訴を取り下げてから30日を経過しても不起訴決定をしない場合。

　五　人民法院が訴訟の取下げとして処理した後の30日を経過しても，人民検察院が不起訴決定をしない場合。

　六　人民法院が刑事親告罪における原告の訴訟の取下げを許可し，または人民法院が親告罪の事件について訴訟の取下げがなされたものとして処理した場合。

　そして，この不当な逮捕の2つの要件の認定については，故意・過失を必要としないことはもちろんであるが，違法性の存在の認定も要しないとされることに留意する必要がある。つまり，法律・司法解釈が規定する場合に該当すれば，刑事賠償責任が認められることになる。さらに言えば，法律で規定される損害結果（身柄の拘束）が生じれば，賠償義務機関は賠償しなければならない。

(3)　**冤罪事件**

　冤罪事件にかかわる国家賠償は，国賠法第17条第3号で規定されている。そして，第二審が第一審の判決を破棄して差し戻した場合については，刑賠解釈第12条が詳細な次のような定めを置いている。

> **刑賠解釈第 12 条**
>
> 　第一審で有罪判決がされ，第二審で差し戻された後に，次の各号に掲げる場合のいずれかに該当する場合には，国賠法第 21 条第 4 項でいう差戻審で無罪にされる場合の賠償に該当するものとする。この場合における第一審で有罪判決を下した人民法院が賠償義務機関になる。
>
> 　　一　原審人民法院が無罪判決に変更し，かつ法的効力が既に生じた場合。
>
> 　　二　差戻審において人民検察院が不起訴を決定した場合。
>
> 　　三　人民検察院が差戻審の間において公訴を取り下げてから 30 日を経過しても，または人民法院が起訴の取下げの処理をしてから 30 日を経過しても不起訴を決定しない場合。
>
> ②　審判監督手続きに基づく再審の後に無罪とされる場合には，原判決を下した人民法院が賠償義務機関になる。

　要するに，冤罪事件の場合には，有罪判決が後に無罪とされたという結果さえ生じれば，賠償責任が認められることになる。さらに，この場合においても，行為の違法性および故意過失を要しない。

(4)　拷問等の暴力行為

　国賠法第 17 条第 4 号は，拷問，殴打または虐待がある場合における賠償の規定である。虐待は 2010 年法改正で新たに国賠法に加えられたものである。この規定の追加は，社会で話題になった容疑者が取調べまたは拘束される期間中に変死した複数の事件がその背景にある。また，国賠法第 15 条および第 26 条によれば，身柄の拘束の期間中に死亡または障害を負った場合，身柄の拘束と死亡等の間には因果関係のあることが推定され，賠償義務機関がその両者に因果関係のないことを立証しなければ，その賠償責任を免れることができない。このような立証責任の転換ともいうべき定めも，それらの事件を背景としている。

　この因果関係をめぐって特に問題となるのが，他人の殴打，虐待を警察官が制止しなかったことで発生する損害の刑事賠償事例で，その賠償義務機関の不作為と損害結果との間の因果関係の存否である。この問題は，行政賠償におい

ても行政機関の不作為と損害との因果関係について同様の問題状況があるので，行政賠償にかかわる不作為のところで検討する。

⑸　**違法な武器の使用**

　国賠法第 17 条第 5 号の定める武器，警察装備の使用にかかる刑事賠償の争点は，もちろん武器等の使用が違法であるかという点である。それについて，以下で刑事賠償を認めた事例と認めなかった事例を紹介する。

【刑事賠償を認めた事例：湖北省宜昌市中級人民法院 2018 年 5 月 18 日決定】[93]

　賠償義務機関である C 県公安局（以下，Y という）は，窃盗罪の嫌疑で県民である賠償請求人（以下，X という）を当該公安局に連行し，紐で拘束しながら取調べをおこなっていた。その後で，この連行行為によって X の右手に 7 級の機能障害が発生したことが認定され，X は Y に対して刑事賠償を請求した。しかし，X は再検査で，右手のみならず，左手も 10 級の機能障害の状態になっていることを発見し，Y に再び刑事賠償を請求したが，拒否されたので，人民法院賠償委員会に賠償決定を求めた。人民法院賠償委員会は，左手の障害が新たな事実であるとして X の請求を受理し，さらに紐による束縛の時間が長すぎるという警察装備の違法使用があることを認定して賠償請求を認めた。

【刑事賠償を認めなかった事例：湖南省高級人民法院 2018 年 9 月 27 日決定】[94]

　賠償義務機関である L 市公安局（以下，Y という）は，車両窃盗の現行犯として賠償請求人（以下，X という）を逮捕しようとした際に，逃走する X が乗る車両に向けて銃を発射して銃弾が X に命中した。X は，この銃の使用を違法として Y に刑事賠償を請求したが拒否されたので，人民法院賠償委員会に賠償決定を求めた。人民法院賠償委員会は，X が窃盗を犯す際に，抵抗し警察官を怪我させて逃走したという事実を認定し，「中華人民共和国人民警察の装備および武器の使用条例」第 9 条第 10 号に基づいて，「X の行為が警察官の生命安全

93　当該事例の番号は，（2017）鄂 05 委賠 9 号である。
94　当該事例の番号は，（2018）湘委賠 9 号である。

を著しく脅かし，Yの警察官が警告した後に銃を使用するのは法律の規定に合致する」と指摘して，Xの請求を棄却した。

　㊟　「中華人民共和国人民警察の装備および武器の使用条例」第9条第10項は，「人民警察が，次の各号に掲げる暴力犯罪の行為がある場合のいずれかに該当すると判断したときには，警告を経て武器を使用することができる。……十　暴力で人民警察の職責の履行を拒むかもしくは妨げる場合，または暴力で人民警察を襲い，人民警察の生命・安全を脅かす場合」と規定している。

　この2つの事例からみれば，(5)の該当性は武器，警察装備の使用方法が法に合致するか否かをめぐって判断されるということになる。そして，使用方法の法的根拠は，「人民警察の装備および武器の使用条例」である。

㈡　財産権侵害の行為

　国賠法第18条は，刑事賠償に結び付く財産権侵害に該当する行為を列挙しており，行政賠償に関する同法第4条（同条は，第3号までの具体的列挙のあとに，第4号で，「財産の損失をもたらすその他の違法行為があるとき」との包括規定を置いている）と異なり，包括条項を規定していない（いわゆる「制限列挙」）。同法第18条で列挙される行為については，大別して，(1)刑事訴訟過程での財産に対する強制措置と，(2)執行された財産刑にかかわるものに分かれる。

(1)　刑事訴訟過程での財産に対する強制措置

　刑事訴訟過程での財産に対する強制措置にかかる刑事賠償は，取調べ，検察，裁判活動の円滑な遂行のためとしてなされた財産に対する強制措置にあたってのものであり，違法な差押え，凍結，追徴等の措置によって財産が侵害された場合に関するものである。ここでの差押えや凍結は，被疑者が刑事判決による財産の追徴や民事賠償の原資として財産を差し押さえられるのを避けるため，被疑者の財産を売却したり隠蔽をはかったりする行為を阻止するためになされる。さらに，証拠の保全という観点からも，差押えや凍結がなされる。それについては，刑訴法第102条第1項は，「人民法院は，必要に応じて保全措置か，被告の財産を差し押えることができる」と規定している。

　差押えについて刑訴法第141条は，「取調活動において発見した容疑者の有

罪または無罪を証明できる各種の財物，書類に対しては，差し押えなければならない。事件と無関係の財物，書類に対しては，差し押えてはならず」（同条第 1 項），「差し押えた財物，書類については，適切に保管または保存し，使用・取替え・毀損してはならない」（同条第 2 項）と規定している。また，同法第 196 条第 2 項は，「人民法院が証拠を調査・確認する場合には，現地調査，検査，差押え，鑑定および照合，凍結をおこなうことができる」と規定する。

凍結について刑訴法第 144 条は，「人民検察院，公安機関が犯罪の取調べのため，容疑者の貯金，振込み，証券，株，ファンドの持ち分等の財産について，規定に従って照合，凍結することができ」（同条第 1 項），「容疑者の貯金，振込み，証券，株，ファンドの持ち分等の財産が既に凍結された場合には，繰り返して凍結してはならない」（同条第 2 項）と規定している。

また，追徴とは，容疑者または刑事事件の被告が違法に取得した財産に対する処置である。このような財産につき，刑法第 64 条前段は，「犯罪者の違法に取得した全ての財物について，追徴しまたは返還・弁償を命じなければならない」と規定している。

(2)　執行された財産刑にかかわるもの

執行された財産刑にかかわる刑事賠償とは，具体的には罰金と没収が違法になされた場合に対する刑事賠償である。罰金については刑法第 64 条の中段が，没収については刑法第 64 条後段が，「犯罪に供用した犯罪者本人の財産を没収しなければならない。没収した財物と罰金は，全て国庫に納入し，転用または勝手に処理してはならない」と規定している。また，この執行された財産刑にかかわる刑事賠償は，再審によって無罪にされる場合に限られている。

(3)　判断基準

上記の(1)と(2)の具体的な認定については，以下の事例が興味ある判断基準を示している。

【最高人民法院 2017 年 1 月 30 日決定】[95]

　A社の取締役社長である賠償請求人（以下，Xという）とB社との間の契約をめぐって発生した紛争に関連して，賠償義務機関であるZ省K市中級人民法院（以下，Yという）は，刻印偽造罪と契約詐欺罪でXを有期懲役12年6か月ならびに罰金4万元に処し，違法に取得した財産を追徴する判決を下した。その後，上級審での差戻判決を受けた再審で，Yは前の判決を破棄し無罪判決を下した。そこで，XはYに対して刑事賠償請求をするところとなった。Yは賠償決定を出し，罰金4万元および相応の利息の返還を認めたが，追徴した財産の返還請求を棄却した。それを不満とするXの不服申立てを受け，Z省高級人民法院は，罰金と利息の返還のほか，追徴した財産の返還も認めた（以下，「本件賠償決定」という）。Xは本件賠償決定での賠償金を不服とし，最高人民法院に再審判請求を出した。

　最高人民法院は，まず，罰金と利息の返還が既に完了しているとして，これらは審理対象ではないとした。追徴した財産については，最高人民法院は，「契約履行におけるB会社からの金銭収受の行為が契約詐欺罪に該当しないとはいえ，民事判決で当該契約が既に無効と確認されたため，Xは当該契約による金銭返還の合法的根拠を既に失っており……国家賠償請求としての事実および法的根拠を欠く。これは国庫からの支給ではなく，民事の審判監督手続きによって解決すべきである」と判断し，Xの追徴した財産の返還請求を棄却した。

　国賠法の規定によれば，再審で無罪とされた場合，有罪判決において科された罰金，没収等の措置は法的根拠を失い，それらは返還されなければならない。そのため，本件においては，罰金およびその利息の返還については，一貫して認められている。争点になったのは，追徴した財産を返還すべきか否かである。犯罪者の違法な取得に対する追徴について刑法第64条は，追徴した財産を被害者に返還する場合と没収する場合を分けて規定している。追徴した財産がもともと被害者の財産であれば，被害者に返還する。本件において追徴さ

95　当該事例の番号は，（2016）最高法委賠監145号である。本件は，最高人民法院公報の2017年第9期に掲載される。

れた財産は，X が契約によって B 社から取得した金銭であり，別訴の民事訴訟において契約の無効が確定している以上，X は B 社から取得した金銭（追徴された財産）について何らの権利も有するものではない。そこで，追徴された財産は X の財産ではないことから，最高人民法院は，本件追徴によって X には損害が生じていないとし，X の刑事賠償の請求（追徴財産の返還）を認めなかった。このような判断は妥当なものであるとしても，他方で，追徴は刑事判決の一部であるから，X が無罪とされた以上，Y が X から金銭を追徴する法的根拠もなくなっている。Y が追徴した財産を X に返還しなければならない。当該財産は X の不当利得であるとしても，契約の相手方が返還請求権を行使すべきである。これにもかかわらず，最高人民法院は，追徴された財産の返還については，刑事賠償という手法によるのでなく，民事の審判監督手続きで実現すべきものであるとした。

㈢　免責事由

　国賠法は，刑事賠償の免責事由（国賠法第 19 条）を具体的に列挙したうえで，行政賠償と同様に包括条項を設けている。ここでの免責事由は，大別して，(1) 職員の個人行為，(2)被害者自身の行為に損害発生の原因がある行為のほか，(3) 刑事責任を追及すべき事例であるものが特別の法の定めによって訴追手続きの中止がなされたという場合，これは形式的には刑事賠償の要件を充足するが，その訴追の中止が法の定めに基づくことから免責事由とされる，の 3 つの類型に整理できよう。

(1)　職員の個人行為

　取調べや検察・裁判にかかる職権行使の権限を有している職員が，その職権の行使ではない行為によって損害を生じさせた場合には，その行為は職員の私的な個人行為とされて当該損害は刑事賠償の対象とならない。正確には，国賠法第 19 条第 4 号は，「取調べ，検察，裁判の職権を行使する機関ないし留置場，監獄管理機関の職員」が本体の職権の行使と関係がない行為をすることを「職員の個人行為」として刑事賠償免責の対象にしている。

　この職員の個人行為については，若干の検討すべき問題がある。正当な職権行使の外観をつくり出して，ここにいう個人行為を職員がおこなった場合，それは個人行為として刑事賠償の免責の対象となるかという問題である。日本の著名な国家賠償事件として，警察官銀行強盗事件がある。この事件は，警察官が非番の日に制服と拳銃を所持して（つまり，外観は警察官として）銀行強盗をおこなったというものである。警察官は内規で，非番の日は制服の着用と拳銃の所持を禁止されているにもかかわらず，これに違反して警察官の外観をつくり出して強盗に及んだものであり，また強盗が警察官の職務であるはずもないのであるから，本件強盗行為は個人行為（私的行為）であり，公権力の行使に当たる公務員が「職務を行うについて」他人に損害を加えることを要件とする（日本の）国家賠償法の規定は適用がないとする主張がなされた。これに対して最高裁判所は，いわゆる外観主義の立場に立って，「公務員が主観的に権限行使の意思をもってする場合に限らず自己の利をはかる意図をもってする場合でも，客観的に職務執行の外形をそなえる行為をして，これによって，他人に損害を加えた場合には」，職務をおこなうについての要件を充足するとの判断を示した（最高裁昭和31年11月30日判決・民集10巻11号1502頁）。日本と中国の国家賠償法には，制度的な基盤に差異があるにしても，中国の刑事賠償の免責事由である「職員の個人行為」の判断については，上記の外観主義的な考え方が必要であると思われる。なお，行政賠償でも国賠法第5条第1項が，職員の私的行為により発生した損害への賠償免責を定めているが，これも外観主義的な考え方で理解されるべきである（この点については，第2章の行政賠償で若干の言及をした）。

(2)　**被害者の自己責任行為**

　被害者の自己責任行為による刑事賠償免責については，国民自ら偽証の供述や有罪証拠の偽証で身柄拘束・刑罰に処せられたという場合（国賠法第19条第1号）と，国民自らの自傷などの故意的行為によって損害がもたらされた場合（同条第5号），の2つの類型が規定されている。これらの被害者の自己責任行為により刑事賠償の免責が認められたものとして，以下のような事例がある。

【偽証：成都市龍泉駅区人民法院 2018 年 7 月 27 日決定】[96]

　　賠償義務機関であるS省C市L区人民法院（以下，Yという）は，S省F県住民である賠償請求人（以下，Xという）に対して，強盗罪で有期懲役4年6か月ならびに罰金 2,000 元に処した。Xは上訴しなかったが，S省C市中級人民法院は，S省C市人民検察院の再審判請求を受けて，再審し，原判決を破棄自判し，Xが統合失調症を患っていたことで無罪にした。この無罪判決を理由として，XはYに対して刑事賠償を請求した。しかし，Xは取調べの過程で病気を患っていないと供述し，かつ罪を自認していた。

　　Yは，国賠法第 19 条第 1 項が規定する虚偽の供述とは，「積極的に客観的な真実と異なる供述をおこなう場合，または消極的に客観的な事実を隠蔽する場合を意味する」とし，「Xが消極的に統合失調症を患っている事実を隠蔽したほか，積極的に病を患っていないと陳述した。当該隠蔽と陳述が，その刑事責任能力の認定にかかわっており，有罪判決に実質的な影響を与える。それと同時に，罪を自認した」と指摘し，Xの行為が偽証に該当すると判断し，賠償しない決定をした。

　本件においては，自らの偽証の成立について 2 つの場合があることをYは指摘している。まず第 1 に，積極的な場合として，虚偽の事実を述べる場合である。第 2 に，消極的な場合として，本当の事実を故意に隠す場合である。要するに，賠償請求人が真実を述べないことによって有罪になる場合は，自らの偽証によって有罪となったことになる。この指摘は正当なものであると思われる。容疑者は事実通りに供述しなければならない。刑訴法第 120 条第 1 項後段は，「容疑者は取調べに対して，事実通りに応答しなければならない。ただし，事件と無関係の問題に対しては，応答を拒絶する権利を有する」と規定している。当該規定をみて，容疑者には，事件と関係ある事実について，事実通りに応答する義務がある。さもなければ，賠償義務機関は，誤った有罪判決を下したことに対して責任を負わない。

96　当該事例の番号は，（2018）川 0112 法賠 1 号である。

【自傷：吉林省高級人民法院 2016 年 7 月 10 日決定】[97]

　　賠償義務機関である K 省 G 市公安局（以下，Y という）は，G 市住民である賠償請求人（以下，X という）を窃盗罪の容疑者として刑事勾留した。X は取調べ中に Y のビルの 4 階から飛び降り，障害を負うことになった。

　　K 省高級人民法院賠償委員会は，本件が国賠法第 19 条第 5 号の場合に該当すると判断し，Y の賠償しない決定を維持した。

　　自傷の評価基準については，国賠法第 5 条第 2 号（国民，法人またはその他の組織の自己行為による損害への国家賠償責任の免責）と同様である。賠償請求人が自らの意志でおこなう行為によって損害を被ったと認定される場合には，賠償義務機関は賠償責任を免責される。

(3)　法の定めに基づいて訴追手続きをしない

　　国賠法以外の定めによって国家賠償責任が免責される場合とは，国賠法第 19 条第 2 号，第 3 号，第 6 号の定めによるものである。国賠法第 19 条第 2 号は，刑法によって刑事責任を負わない者が身柄を拘束された場合を免責事由としており，当該刑法規定として刑法第 17 条，第 18 条を明示している。刑法第 17 条は年齢に応じた刑事責任についての規定であり，同法第 18 条は特殊な者の刑事責任能力についての規定である。

刑法第 17 条（年齢に応じた刑事責任）

① 16 歳以上の者が罪を犯した場合には，刑事責任を負わなければならない。

② 14 歳以上で 16 歳未満の者は，故意殺人，故意傷害，強姦，強盗，違法薬物販売，放火，爆発，危険な物を投げ入れる場合，刑事責任を負わなければならない。

③ 14 歳以上で 18 歳未満の者が罪を犯した場合には，刑罰を軽い方[98]とし，または減刑しなければならない。

④ 16 歳未満であることを理由に刑事処罰をしない場合には，その者の親または後見人に監督・教育を命じる。必要がある場合には，政府が収容・教育をすることができる。

> **第 17 条の一**
>
> 　75 歳以上の者が故意に犯罪する場合には，刑罰を軽い方とし，または減刑することができる。過失犯罪については，刑罰を軽い方とし，または減刑しなければならない。

> **刑法第 18 条（特殊な者の刑事責任能力）**
> ①　精神病者が自分の行為を弁別または抑制できない状態でもたらした損害結果について，それが法定の手続きを経て鑑定し確認された場合には，刑事責任を負わない。ただし，その者の親もしくは後見人に厳格に監督・介護・治療するように命じなければならない。必要がある場合には，政府が強制的に治療する。
> ②　間欠的精神病者は，安定している精神状態で罪を犯した場合，刑事責任を負わなければならない。
> ③　未だ自分の行為の弁別または抑制の能力を完全に喪失していない精神病者が罪を犯す場合，刑事責任を負わなければならない。ただし，刑罰を軽い方とし，または減刑することができる。
> ④　酩酊状態の者が罪を犯した場合には，刑事責任を負わなければならない。

　国賠法第 19 条第 3 号は，刑事訴訟法第 15 条，第 173 条第 2 項，第 273 条第 2 項，第 279 条の規定に基づいて刑事責任を追及しない者が身柄を拘束される場合の免責を規定している。

　㊟　国賠法第 19 条第 3 号のいう刑訴法第 15 条は，2012 年の刑訴法第 15 条を指す。この同法第 15 条は，2018 年改正の刑訴法においては第 16 条になる。当該条文の内容は既に本章第 1 節の「2 行為 (一) 人身権侵害の行為」の(1)で紹介した。
　　刑訴法第 173 条第 2 項は，「犯罪の情状が軽微で，刑法に基づいて刑罰に処する必要がない，または刑罰を免除する場合には，人民検察院が不起訴決定をすることができる」

97　当該事例の番号は，(2016) 吉委賠 12 号である。
98　刑罰を軽い方とするとは，最高人民法院の法発〔2013〕14 号の「最高人民法院の常見犯罪の量刑に関する指導意見」という司法解釈の「3　言い渡す刑期の確定の方法」の(2)に基づき，「軽い方の刑で処罰する場合があるとき，法定の最短刑期を言い渡す刑期とすることができる」ということを意味する。

と規定している。

　同法第273条第2項は,「条件付き不起訴となった少年である容疑者について,前項各号に該当することなく,観察期間が満了したときは,人民検察院は不起訴の決定をしなければならない」と規定している。

　同法第279条は,「和解が成立した事件については,公安機関は,人民検察院に対し処分を軽くすべき旨の意見を提出することができる。人民検察院は,人民法院に対し処罰を軽減すべき旨の意見を提出することができるほか,犯罪の情状が軽く,刑を科する必要のない事件について,不起訴決定をすることができる。人民法院は,法に基づいて被告の処罰を軽減することができる」と規定している。

　以上のような刑法,刑訴法の規定から理解されるように,法の定めに基づいて訴追手続きをしないとは,刑事責任を追及すべきであるが,法の規定によって例外として追及しない場合を意味する。通常であれば刑事追訴手続きにしたがって追及すべきであるものが,法の定めによって結果として追及しないことになったのであるから,賠償義務機関の行為が違法であったということはできず,国家賠償責任が免責とされるものである。

3　精神的損害

　刑事賠償の対象になる権利・利益の類型は,行政賠償と同様である。しかし,刑事罰が自由刑を主としているため,刑事裁判の過程においては,主たる権利・利益の侵害類型は人身権の侵害である。そして,人身権の侵害は,肉体的な損害のみならず,精神的な損害ももたらす。精神的な損害に対する救済は避けられない問題である。

㈠　背　　景

　2010年国賠法改正において,中国国賠法の歴史にとって重要な意味を有し,最も注目を集めたものが精神的損害慰謝料を認めたことであった。2010年法改正前の精神的損害に対する救済は極めて限定的なものであり,名誉権・栄誉権の侵害について,1994年国賠法第3条第1号,第2号,第15条第1号,第2号,第3号で規定される場合に該当するとき,賠償義務機関の権利侵害行為

が影響を及ぼす範囲内において，被害者のために影響の除去，名誉の回復または謝罪をすることにとどまっていた（1994 年国賠法第 30 条）。つまり，1994 年国賠法においては，違法な行政拘留・拘禁の場合と違法な刑事勾留・逮捕または冤罪の場合のみについて，名誉・栄誉を回復させることとされていた。同法第 30 条による精神的損害に対する救済の範囲と方法は，極めて狭い範囲で認められるのみならず，金銭による賠償も認めていない。ここには，旧ソ連法の影響のもとで，当時，国賠法だけでなく，民法においても，精神的損害に対して金銭をもって賠償することに消極的な姿勢を示していたという背景があった。この考え方の基礎には，侵害された精神的な権利・利益（精神的損害）を金銭で回復することはできない（原状回復でしか回復できない）という法思想があった。後に，法学の研究の伸展に伴い，この精神的損害についての考えも根本的に変化することになり，これを受けて判例上においても精神的損害に対する賠償を認めるものが登場するようになる。

　まず，民法における精神的損害に対する慰謝料については，1997 年に初めてガスコンロ爆発の事件において認められた[99]。

　次に，2001 年に最高人民法院は，「最高人民法院の民事の権利侵害の精神的損害賠償責任の確定に関する若干問題の解釈」を作成し，公布した。ここには，精神的損害に対する救済および慰謝料の算定方法が規定されている。

　そして，以上のような動向を受けて，国賠法での精神的損害に対する慰謝料が，2010 年国賠法第 35 条で初めて認められることになる。この改正によって，佘祥林事件をはじめ，趙作海事件，張輝・張高平事件（後述），聶樹斌事件等の著名な冤罪事件において国家賠償としての精神的損害賠償が認められるところとなった。その賠償額も名目的なものでなく，高額な賠償金が認められた。たとえば，聶樹斌事件[100]においては，聶樹斌が冤罪で死刑に処されたため，

99　当該事例は，「中華人民共和国最高人民法院公報」1997 年第 2 期で掲載される賈国宇 VS 北京国際気霧剤有限公司等という事例である。1995 年当時未成年であった原告（賈国宇）は，春風レストランで親友や家族と食事中に，食卓上のガスコンロの爆発によって顔面，両手を火傷した。人民法院は，製造物責任に基づき，原告の障害による損害に対する賠償金および精神的損害賠償金を支払うよう被告であるガスコンロのメーカーに命じた。

その親は死亡賠償金 126 万元，人身の自由の侵害に対する賠償金 5 万 2,000 元，精神的損害慰謝料 130 万元を取得した。ここでの慰謝料の額が，死亡賠償金を上回っていることは注目すべき点である。しかし，このように精神的損害慰謝料は認められるところとなったものの，慰謝料の算定方法には不明確な点が残されていた。

　この不明確ということへの対応策の一つとして，2014 年に最高人民法院は慰謝料の算定を規制するため，「最高人民法院の人民法院賠償委員会が国家賠償事件を審理する際の精神的損害賠償の適用の若干問題に関する意見」（以下，「国賠慰謝料解釈」という）を作成し，公布した。そこでは，精神的損害慰謝料の金額は，原則として国家賠償金の 35 ％を上回ってはならないとするなど，具体的な算定方法についての基準が示されている。

㈡　国賠慰謝料解釈

　国賠慰謝料解釈は，国賠法第 35 条を具体化したものであり，その内容は以下の通りである。

　まず，国賠慰謝料解釈は，国賠法第 35 条適用の原則を明らかにする。それは，①法に従って賠償をおこない，②総合的衡量による裁量をおこない，③合理的かつ衡平におこなう，という 3 つの原則である。①は，国賠法の規定を厳格に解釈し，精神的損害に対する賠償の範囲を拡大または縮小してはならず，その適用の要件を過度に厳格化または緩和してはならないことを意味する。②は，もたらした損害の程度，違法性，過失等の関連する要素をケースバイケースで総合的に衡量しなければならないことを意味する。③は，同じ状況につい

100　1995 年，聶樹斌は強姦致死罪で死刑に処された。同年 4 月 27 日に，その死刑は執行された。2005 年，複数件の強姦殺人事件を起こした王書金が逮捕された。王書金が自認した 6 件の事件の中には，聶樹斌が犯したとされていた事件も含まれていた。河北省高級人民法院は，王書金の自認を無視して，王が聶の事件と関係がないと裁定した。2014 年 12 月 12 日，最高人民法院は，山東省高級人民法院に聶樹斌事件を再調査するよう命じた。2016 年，最高人民法院第 2 巡回法廷が山東省高級人民法院の建議を受けて自ら聶樹斌事件を再審判し，無罪判決を言い渡した。その後，河北省高級人民法院は，2017 年 3 月 30 日に聶樹斌の家族に精神的損害慰謝料を含めて 268 万元の賠償金を支払った。

て同様な処理をおこない，適宜に地域の差異を考慮するが，社会全体の生活水
準と当地の生活水準との間のバランスを考慮すべきことを意味する。

　次に，国賠慰謝料解釈は，精神的慰謝料に関する国賠法第 35 条の適用の要
件を明らかにした。それによれば，まず，同条の適用は人身権または人身的利
益が侵害されることを前提とする。さらに，人身権侵害の類型を具体的に列挙
する国賠法第 3 条，第 17 条で規定される場合に該当するか否か，精神的損害
があるか否か，そして両者の間に因果関係があるか否かによって精神的損害賠
償の判断を行う。

　また，国賠慰謝料解釈は，国賠法第 35 条の賠償要件たる「精神的損害」を
与えたことと，「重大な結果」をもたらしたことについての考慮要素を明らか
にした。それによれば，原則として被害者の人身の自由・生命・健康の損害の
程度，精神的損害の程度，日常生活・仕事学習・家族関係・社会的評価に与え
た影響，社会の倫理・道徳，日常生活の経験等の要素を総合的に考慮しなけれ
ばならない。

　ただし，被害者が死亡，障害（精神的障害を含む）または合法かつ資格ある
鑑定機構の鑑定を経て重傷もしくは重大な精神的障害があることが診断・確定
された場合には，人民法院賠償委員会が国賠法第 35 条への該当性を認めなけ
ればならない。

　さらに，国賠慰謝料解釈は，「影響の除去・名誉の回復・謝罪」と「慰謝料」
という 2 つの異なる救済方法の選択基準を明らかにした。重大な結果がない場
合には前者を適用し，重大な結果がある場合には後者を適用する。

　最後に，慰謝料の算定を明らかにしている。慰謝料を算定する際の具体的な
金額については，精神的損害の事実とその結果の程度，賠償義務機関もしくは
その職員の違法性・過失の程度，権利侵害の手法・方法等の具体的な情状，罪
名・刑罰の軽重，瑕疵の是正の過程，賠償請求人の住所地の平均的生活水準，
賠償義務機関の住所地の平均的生活水準，またはその他の考慮要素を総合的に
勘案して確定するとしている。そのほか，慰謝料の金額を確定する場合には，
それの「慰め」という性格を重視しなければならない。そのため，慰謝料は，

原則として国賠法第33条，第34条によって算定する人身の自由の賠償金また
は生命・健康の賠償金の総額の35％を上回ってはならない。また，最低金額
は1,000元を下回ってはならないとする。

㈢ 国賠における精神的損害に対する救済

現在，国賠における精神的損害に対する救済方法については，国賠法第35
条および国賠慰謝料解釈で規定されている。国賠法第35条によれば，精神的
損害については，⑴同法第3条（人身権侵害に対する行政賠償）または第17条
（人身権侵害に対する刑事賠償）で規定される場合のいずれかに該当し，かつ⑵
精神的損害を与えた場合には，影響の除去・名誉の回復・謝罪をし，⑶さらに
その結果が重大な場合には，慰謝料を支払うことになる。つまり，国賠法が規
定する人身権侵害の場合の該当性（⑴の部分），損害結果の発生（⑵の部分），
結果の程度が重大であること（⑶の部分）という3点が，国賠における精神的
損害に対する救済の基本的な要件となっている。以下において，この3要件に
ついて，若干の言及をしておこう。

⑴ 国賠法第3条または第17条で規定される場合への該当性

国賠法第3条または第17条で規定される場合への該当性は，精神的損害に
対して賠償をもって救済する場合の前提要件である。国賠法第3条，第17条
で国家賠償の対象とされる合法的な権利・利益の侵害は，生命権，身体権，健
康権の侵害にかかわるもののみであり，氏名権，名称権，プライバシー権等の
人格権の侵害を含んでいない。つまり，国賠法で認められる精神的損害を惹起
する原因は制限されている。そして，同法第3条，第17条に該当することを
賠償の前提要件として求める第35条の規定は，同条による精神的慰謝料の請
求のためには，まずは国賠法第3条または第17条による国家賠償請求が，た
とえば第3条でいえば行政賠償5要件を充足したうえでの行政賠償義務が成立
することを前提要件として求めているということであり，第17条についても
同様である。

⑵　**精神的損害結果の発生**

　国賠法第3条または第17条によって国家賠償責任が認められたとしても，損害を生じさせた賠償義務機関の行為が，即座に精神的損害まで生じさせたとはいえないことはもちろんである。そこで，精神的損害という結果の発生が精神的慰謝料の請求要件となる。そして，この精神的損害という結果の発生が認定されても，精神的損害に対する救済は，まずは金銭ではなく，「影響の除去・名誉の回復・謝罪」で行うとするのが同法第35条の趣旨である。

　前述のように，「影響の除去・名誉の回復・謝罪」は1994年国賠法で既に規定されていた。その背後にある考えは，精神的損害を金銭で評価してはならず，それに対する救済は原状回復でなければならないということであった。そして，2010年国賠法においても，依然として，この「影響の除去・名誉の回復・謝罪」が精神的損害に対する一般的な救済方法とされている。それは，精神的損害に対する救済方法について，以前の考え方を継続している側面があることを意味しているといえよう。

　国賠法は国家賠償の賠償方法につき，金銭での賠償を「主たる方法」とすると規定し（国賠法第32条第1項），財産の返還または原状回復ができる場合には，財産の返還または原状回復を賠償方法とする（同条第2項）。「主たる方法」とする文言から，国賠法における賠償方法は金銭賠償を原則としているように見えるが，しかし，財産返還または原状回復ができる場合には，賠償方法はこれによるとしているのであるから，この原状回復等による賠償が賠償方法として優先され，原則とされているようにも理解できる。この国賠法第32条の第1項と第2項の関係については，さらに検討しなければならない問題が残されているように思われるが，第2項での賠償方法が選択された場合には，それで基本的な賠償責任は果たされたとして，その後に残る被害者の不満足は国賠法第35条の「精神的損害」として，まずは「被害者への影響を除去し，名誉を回復し，謝罪をする」ことで対応しようとする構造になっているようにも考えられる。そして，精神的損害の結果が重大な場合には，原状回復等による賠償方法が選択されても，名誉の回復・謝罪にとどまらず精神的慰謝料を支払うと

いうことである。

(3)　精神的損害結果の程度が重大

　さて，上記の(1)と(2)の 2 つの要件が充足され，そのうえで精神的損害の「結果が重大な場合には」，慰謝料が認められることになる。いかなる場合が重大な結果になるかが問題となる。国賠慰謝料解釈によれば，重大な結果への該当性の判断は，原則として被害者の人身の自由・生命・健康の損害の程度，精神的損害の程度，日常生活・仕事学習・家族関係・社会的評価に与えた影響，社会の倫理・道徳，日常生活の経験等の考慮要素を総合的に判断するということになろう。そして，慰謝料について国賠法第 35 条は，「相応の」精神的慰謝料を支払うと規定している。この「相応」につき国賠慰謝料解釈は，人身の自由の賠償金または死亡・障害賠償金の 35 ％を上限とするとしている。これによれば，実際には慰謝料算定独自の考慮要素は存在せず，その前段階の死亡・障害賠償金や人身の自由侵害に対する賠償金の額によって慰謝料が決められることになる。人身の自由の賠償金は拘束の期間の長さによって算定され，死亡賠償金は前年度全国平均年給の 20 倍であり，障害賠償金は障害の程度によって算定される。しかし，国賠慰謝料解釈の公布前には，考慮要素の総合的判断が慰謝料の金額に影響していた。つまり，国賠慰謝料解釈の公布前，多様な考慮要素は慰謝料についての積極的な影響要素（考慮要素によって増額できる）であった。これに対して，国賠慰謝料解釈の公布後，考慮要素は，慰謝料についての積極的な影響要素（要件の該当性の考慮要素）としての機能を失っているといえる。

(四)　慰謝料に関する事例

　国賠慰謝料解釈が慰謝料の算定につき，人身の自由の賠償金または死亡・障害賠償金の 35 ％を上限とするとの制限を設定する前には，慰謝料の算定は上記で示した多様な考慮要素を総合的に衡量しておこなわれていた。事件の情状が異なれば，慰謝料の金額も異なることになる。そのため，高額な慰謝料が認められる場合もあり，また低額な慰謝料しか認められない場合もあった。

　まず，高額な慰謝料が認められる事例は，主として重い罪に処された後に冤罪として無罪判決が確定した場合である。冤罪により慰謝料が認められた事例として，殺人罪または強姦罪で死刑もしくは無期懲役に処された事例があることは紹介したが，それらの事案の内容については触れていないので，ここで高額な慰謝料が認められた冤罪事件の典型的事例として，張輝・張高平事件を紹介しておこう。

【浙江省高級人民法院 2013 年 5 月 17 日決定】[101]

　賠償義務機関であるS省高級人民法院（以下，Yという）は，強姦致死罪でA省N県村民である賠償請求人（以下，X_1 という）を有期懲役15年ならびに5年の政治的権利の剥奪という刑に処し，その甥（以下，X_2 という）を2年執行猶予期間付き死刑ならびに終身の政治的権利の剥奪という刑に処した。後に，X_1, X_2 は真犯人の発見によって無罪とされた。

　Yは X_1, X_2 に対して，「誤った断罪・量刑により，刑罰を執行してしまったことで与えた仕事・生活への影響の程度を総合的に衡量し，精神的損害慰謝料45万元を支払う」ことを決定した。他方で，人身の自由権侵害に対する賠償金は65万元余りであった。

　本件においては，慰謝料の金額が人身の自由の賠償金の約70％になっている。

　次に，低額な慰謝料が出される場合も存在する。たとえばリーディングケース（リーディングケースの意味については第1章の第3節の3を参照）第42号が，その典型的事例である。

【最高人民法院 2012 年 6 月 18 日決定】[102]

　賠償義務機関であるK省S市人民検察院（以下，Yという）は，契約詐欺罪の容疑でA会社の取締役である賠償請求人（以下，Xという）を逮捕した。後

---

[101]　当該事例の番号は，（2013）浙法賠字第1号，（2013）浙法賠字第2号である。両者は同一事件の2名の被害者に対して別々に出す決定書である。

[102]　当該事例の番号は，（2011）最高法委賠字第4号である。

に，S市中級人民法院は，証拠不十分でXに無罪判決を言い渡した。この逮捕
によって，当時未成年であったXの娘がうつ病になり，賠償請求時点では，未
だに治癒されていない状況にあった。

　最高人民法院賠償委員会は，S市の新聞誌上で謝罪せよとのXのYへの請求
について，「Yが既に口頭でXに謝罪し，その会社の生産の回復のために便宜を
図っていたため，既に権利侵害行為の影響範囲内において影響の除去・名誉の
回復を成し遂げた」とし，Xの当該請求を棄却した。Xの200万元の精神的損
害慰謝料の請求については，「Xの正常たる家庭生活および会社の経営がその身
柄の拘束に影響されたため，精神的損害の結果が重大であると認定せざるを得
ない。YがK省高級人民法院の『国家賠償活動における精神的損害慰謝料の適
用の若干問題に関する座談会の紀要』（以下，「本件紀要」という）の公布後に
当該資料に基づいて慰謝料を支払うことができる」とし，実際の情状に基づい
て慰謝料を5万元とした。一方で，身柄の拘束に対する人身の自由権侵害賠償
金としては14万元を認めた。

　㊟　本件紀要の主要な内容は以下の通りである。
　　　慰謝料の適用の要件は，「精神的損害の事実」があることと，「結果が重大」であるこ
　　との2つである。「結果が重大」である場合とは，被害者が死亡，重傷もしくは障害，
　　精神上の病気もしくは重大な精神的障害，婚姻家族関係の破綻もしくは家族の重大な傷
　　害，身柄の拘束による重要なチャンス（就職等）の喪失または生産・経営に対する重大
　　な影響もしくは赤字による重大な精神的損害，その他の重大な精神的損害がある場合を
　　含む。結果が「極めて」重大である場合には，慰謝料を適宜に増額すべきである。結果
　　が「極めて」重大である場合とは，被害者が変死しかつ国家機関およびその職員が（そ
　　の死亡につき）重大な責任を負う場合，期限を徒過しての拘束によって重大な人身的損
　　害をもたらす場合，拷問等によって障害または統合失調症になる場合を含む。そして，
　　慰謝料の算定については，人身の自由の喪失の期間の長さを主たる基準として，それに
　　その他の情状を結合して総合的衡量でもってランキング付けることで確定する。

　本件紀要は，人身の自由の賠償金または死亡・障害の賠償金を基にして慰謝
料を計算するという点で国賠慰謝料解釈と一致している。また，「影響の除去・
名誉の回復・謝罪」については，最高人民法院賠償委員会は，新聞誌上で謝罪
内容を登載する請求を棄却し，口頭での謝罪と一定の経営回復上の便宜を図っ
たことで名誉の回復・謝罪は十分なされたと判断した。また，慰謝料の金額
は，人身の自由の賠償金の約35％である。

　上記の2つの事例をみて，国賠慰謝料解釈の公布前，2つの事例の間に著しい慰謝料の金額の差が発生していることがわかる。上記で挙げた慰謝料の判定のための考慮要素の存否や程度に関する事実認定の差異によって慰謝料の金額に大きな違いが生じている。

　国賠慰謝料解釈の公布後の事例については，本章の第1節の「㈡ 行為」の「2 財産権侵害行為」で使った事例もその一例である。当該事例において，最高人民法院賠償委員会は，賠償請求人が冤罪によって「生活と会社の経営が影響」を受けており，「国賠法第35条の精神的損害結果が重大である場合に該当する」と認定し，国賠慰謝料解釈によって慰謝料は「原則として人身の自由の賠償金の35％を上回ってはならないため」，賠償義務機関は「本件の情状を総合的に考慮し，人身の自由の賠償金の30％で慰謝料を算定することが妥当である」と判断した。しかし，賠償請求人の全国レベルのメディアで謝罪する請求については棄却した。ここで示したように，国賠慰謝料解釈の公布後は，それによって慰謝料の最高額が決められており，慰謝料に関する考慮要素は，金額の算定について35％を超えて増額に働く余地がなく，実際には逆に減額に働く要素として機能している。

　「影響の除去・名誉の回復・謝罪」については，公布前の事例を含めて，主に謝罪が採用される。しかし，人民法院賠償委員会は，民法と異なり，国家賠償の次元では賠償義務機関にメディアで謝罪させることに消極的な姿勢を示している。特に，慰謝料を認めた場合には，謝罪請求を認めることはまれであるといえる。

　国賠法における精神的損害に対する救済については，国賠法第3条，第17条に定める人身権侵害に該当することを前提として認められるものであるから，まずは第3条と第17条による賠償が認められていることになる。そして，国賠法上の精神的損害に対しては，「影響の除去・名誉の回復・謝罪」を主たる救済方法とし，金銭での救済（慰謝料）を例外としている。例外の場合における要件は，精神的損害の結果が重大であることである。しかし，重大であるか否かについては，前述の本件紀要に示されているような複合的な考慮要素を

総合的に衡量して判断されるが，その判断基準が明らかとはいえない。そこでの考慮要素は，精神的損害の「結果の有無」の判断基準ではなく，その「結果の重大さ」の判断要素であり，実際のこの考慮要素は慰謝料額を減額する方向に機能している側面がある。

第 2 節　司法賠償

　刑事賠償は，刑事訴訟の過程における権利侵害に対する救済である。しかし，訴訟は刑事訴訟のみならず，民事訴訟・行政訴訟にも存在している。これらの後者の 2 つの訴訟の過程や結果においても，もちろん権利侵害が起きる可能性は存在する。国賠法第 38 条の司法賠償の定めは，民事訴訟や行政訴訟の過程における権利侵害への救済を目的とするものである。その賠償請求の方法は刑事賠償の手続きを準用するため，本章で検討する。

　国賠法第 38 条は，民事訴訟・行政訴訟の過程で，(1)違法に訴訟妨害排除の強制措置をとった場合，(2)違法に保全措置をとった場合，または(3)民事・行政の判決，決定もしくはその他の法的文書を誤って執行した場合の，3 つの場合においてもたらされた損害に対して賠償する規定である。そして，司法賠償の適用については，2016 年に公表された「最高人民法院の民事・行政訴訟における司法賠償事件の審理についての法律の適用に関する若干問題の解釈」（以下，司法賠償解釈という）**（巻末資料(5)）** がある。

1　違法な訴訟妨害排除の強制措置による損害

　訴訟妨害排除の強制措置の内容については，2017 年の民事訴訟法（以下，民訴法という）の第 10 章で規定されている。これによれば，訴訟妨害排除の強制措置には強制召喚，過料・司法拘留がある。

　強制召喚について民訴法第 109 条は，「人民法院が出廷しなければならない被告者に対して，2 回召喚状で召喚し，正当な理由なく出廷を拒む場合には，強制召喚できる」と規定している。同条の出廷しなければならない被告者と

は，専ら扶養費，労働報酬にかかわる事件の被告である。出廷を拒む正当な理由とは，不可抗力，事故等により出廷できない場合である。

過料・司法拘留は別々にでも，また併せてでも適用もできる。過料・司法拘留は，法廷での裁判活動に対する妨害（民訴法第110条），または法廷外での裁判に関する活動・人員に対する妨害（民訴法第111条）に対して科されることになる。そのうち，法廷での裁判活動への妨害には，その妨害の重大さを求めず，民訴法第110条で規定される行為が発生さえすれば，妨害行為者に対して過料・司法拘留を科すことができる。そして，法廷での妨害行為は，法廷のルールを破壊する行為を意味している。さらに，法廷で暴れ，審判の人員を侮辱・誹謗・脅迫・殴打し，法廷の秩序を甚だしく攪乱する等の行為が発生した場合には，情状が軽くても過料・司法拘留を科すことになる。その情状が軽くない場合には，刑事責任が追及されることになる。法廷外での妨害行為は，民訴法第111条第1項で列挙されている6つの場合であり（包括条項なし），裁判に関する証拠を偽造または滅失させる行為（民訴法第111条第1項第1号），証人の証言を阻害する行為（同項第2号），責任財産を減少させる行為（同項第3号），裁判活動の従事者を傷害する行為（同項第4号），司法活動の従事者の職務執行を妨害する行為（同項第5号），判決・裁定に従わずにそれによる義務の履行を拒む行為（同項第6号）の6つの行為からなる。さらに，これらの妨害行為者は，個人にとどまらず，組織も含む。組織が妨害行為を行う場合には，その責任者が処罰対象になる（民訴法第111条第2項）。

そして，これらの妨害行為に対する強制措置が違法と認定される場合については，司法賠償解釈第2条で5つの場合が列挙されている。それは，妨害行為をおこなっていない人に対して強制措置をとった場合（司法賠償解釈第2条第1号），過料の金額が法定の最高額を超えた場合（同条第2号），司法拘留の期間が法定の最長期間を超えた場合（同条第3号），同一の妨害行為に対する強制措置が重複する場合（同条第4号），またはその他の違法のある場合（包括条項。同条第5号）である。

2　違法な保全措置による損害

　国賠法第 38 条の保全措置については，民訴法第 81 条および同法第 9 章で規定されている。保全措置の発動について民訴法第 81 条第 1 項は，「証拠が滅失するかもしれない，または今後取得することが困難である場合には，当事者は訴訟の過程に人民法院に証拠の保全を申請することができ，人民法院が職権によって保全措置をとることもできる」と規定する。ここでの保全措置は，専ら財産に対する差押えである（民訴法第 103 条第 1 項）。そして，保全措置は，訴訟前の保全措置と訴訟後の保全措置に分かれる。訴訟前の保全措置は，状況が緊急であり，かつ即時に保全を申請しなければ利害関係者が回復できない損害を被る場合のみに適用される（同法第 101 条第 1 項前段）。そのほか，訴訟前の保全措置の申請者は，保全措置の対象に対して担保を提供しなけなければならない（同法第 101 条第 1 項後段）。また，訴訟前の保全措置の申請者が，その後30 日以内に訴訟または仲裁を提起しない場合には，人民法院が保全措置を解除しなければならない（同法第 101 条第 3 項）。訴訟後の保全措置は，判決が下されたあと，執行ができず，または勝訴側に損害を与える可能性がある場合，敗訴側の財産に対する差押えをおこなうものである（同法第 100 条）。

　また，保全措置（訴訟前と訴訟後の両方を含む）については，申請自体に誤りがある場合，申請者がそれによって発生した損害に対して賠償責任を負うことになる（同法第 105 条）。この場合を除いて，保全措置が違法である場合には，国家賠償たる司法賠償で救済をおこなう。保全措置が違法である場合とは，法定の保全措置をとる要件を満たさない場合（司法賠償解釈第 3 条第 1 号），適切な解除をしていない場合（同条第 2 号），保全対象が必要な範囲を超えた場合（同条第 3 号。ただし，保全対象が不可分の場合を除く），事件に関係のない財産を対象とする場合（同条第 4 号），事件当事者以外の者の財産を対象とする場合（同条第 5 号），差し押えた財産を慎重な管理義務を尽くさずに毀損・滅失させた場合（同条第 6 号），旬の商品もしくは長期保存すべきでない物を差し押えた

ためにそれを毀損させ，またはその価値を下落させた場合（同条第7号），不動産もしくは特殊な動産（船舶・自動車等）の差押えを登記機関に告知していないために，変更登記によってその所有権が移転されてしまった場合（同条第8号），保全措置をとる手続きに瑕疵がある場合（同条第9号），その他の違法のある場合（包括条項。同条第10号）である。

　また，保全措置の違法については司法賠償責任が生じるほか，その申請者がそれによって発生した損害に賠償責任を負うこともある。つまり，民訴法は，瑕疵ある保全措置について発生する損害賠償については保全措置の申請者に損害賠償責任を負わせる等の規定を設けており，司法賠償解釈で規定する司法賠償要件該当性の判断の前に，民訴法に規定する救済方法を尽くしたことが，国賠法第38条の発動の前提とされる。

3　民事・行政の判決，決定もしくはその他の法律文書の誤った執行による損害

　判決等の誤った執行による損害についての賠償が認められる具体的な場合は，司法賠償解釈第5条で規定されている。効力が未だに生じていない法律文書を執行してしまう場合（たとえば，第一審判決を下したあとに当事者がそれを不服として上訴したが，第一審判決に基づく執行がなされた場合。司法賠償解釈第5条第1号），執行対象が法律文書で認めたものを超えた場合（同条第2号），執行を怠って執行対象の滅失をもたらした場合（同条第3号，第4号），違法に当事者以外の者の財産に執行した場合（同条第5号），執行対象を違法に当事者またはその他の者に交付した場合（同条第6号），抵当権ある財産を執行対象とし，抵当権者の先取特権を侵害した場合（同条第7号），執行のために差し押えた財産を慎重な保管義務を尽くさずに毀損・滅失させた場合（同条第8号），旬の商品もしくは長期保存すべきでない物を執行対象とするためにそれを毀損させまたはその価値を下落させた場合（同条第9号），競売・価値の評価の手続きに瑕疵がある場合（同条第10号），執行にその他の誤りがある場合（包括条項。

同条第 11 号）を司法賠償の対象として規定している。

　国家賠償法中に司法賠償が規定されているが，2016 年に司法賠償解釈が司法賠償の対象となる行為態様を列挙的に明示することによって，賠償を認める範囲が明確化されたことで，司法賠償による救済が実効性を持つようになったといえる。この司法解釈が出されたあと，以下に紹介する最高人民法院賠償委員会の 2018 年第 3 号決定が初めての司法賠償請求を認めた事例である。この事例の前には，司法賠償を認める事例は皆無であった。

【最高人民法院 2018 年 6 月 29 日決定】[103]

　賠償請求人である会社（以下，X という）と L 省 D 市タイヤ工場（以下，A という）との間で発生した契約紛争において，賠償義務機関である L 省 D 市中級人民法院（以下，Y という）は，X の保全の申請に基づいて，A の土地（以下，「本件土地」という）を差し押えた。Y は，X の勝訴判決を下したあと，判決の執行段階で本件土地の一部の差押えを解除した。そして，その解除した土地を Y は競売で第三者に譲渡したが，それによって取得した金銭を X に渡さなかった。そこで，X は Y に国家賠償を請求したが，4 年を過ぎても応答がなかったため，X は L 省高級人民法院に賠償決定を求めた。L 省高級人民法院は，本件の保全措置は未だに執行中であるとの理由で，賠償決定の請求を棄却した。X はそれを不服とし，最高人民法院賠償委員会に請求した。

　最高人民法院賠償委員会は，「Y は L 省 D 市の要求に応じて本件土地の差押えを解除することができるが，（競売で：筆者注）取得した金銭を有効にコントロールし，法定の順位で当該金銭を分配しなければならない。それにもかかわらず，X は何らの弁済（分配：筆者注）も受けていない。Y の行為は誤った執行行為である」と判断した。

　本件は，初めて司法賠償を認める事例としては画期的な意義を有している。そして，本件はもう一つの重要な判断基準を示した点でも注目すべきものである。本件事案は，中国民訴法によれば，確定判決に基づいてなされる民事執行

103　当該事例の番号は，（2018）最高法委賠提 3 号である。

が完結する前の，その過程でなされた執行行為の一部について司法賠償が請求
されているという性格を有している。損害の有無は，執行行為が法的に完結し
た後に判定されるべきものであるとするのが一般的な考え方であろうが，最高
人民法院賠償委員会は次のような内容で，その執行が完結する前でも司法賠償
が認められることを認めた。

「一般的には，執行が終結してからはじめて誤った執行の行為の認定ができ
る。しかし，これを厳格化してはならない。執行対象が既に事実上弁済（配
分：筆者注）能力を完全に失い，執行の申請者が誤った執行によって取り返せ
ない損害を被った場合には国賠請求の提出を許すべきである。そうでなけれ
ば，誤った執行をおこなっても執行の手続きを終結しない限り，国家賠償の手
続きが始まらないことになる。それは国賠法の趣旨にそぐわないものである。
本件の執行行為が11年間にわたって何らの進行もなく，Xに回復することの
できない損害を与えた。そのため，Yが賠償責任を負わなければならない。」

本件は，司法賠償を初めて認めた事例として評価される。しかし，その後の
実際の司法賠償事例の展開をみると，司法賠償解釈に基づいて司法賠償責任が
広く認められる傾向に進んでいると評価できる状況にはないように思われる。
そのような状況をうかがわせるものとして，以下のような事例がある。

【最高人民法院 2012 年 3 月 23 日決定】[104]

賠償請求人である証券会社（以下，Xという）は，証券売買をめぐる紛争で
不動産賃貸会社であるA社を被告として民事訴訟を提起し，勝訴した（以下，
「本件判決」という）。本件判決の執行段階で，Xは，A社がB社に対して期日
到来の債権を持っていることを発見した。B社は，自己の所有するビルの持ち分
（以下，「本件不動産」という）の譲渡をもって自己のA社に対する債務を弁済
することに同意し，XとA社とは判決で確定したA社のXに対する債務を本件
不動産持ち分の移転によって履行するとの内容の和解書（以下，「本件和解書」

104　当該事例の番号は，（2011）最高法委賠字第3号である。本件も最高人民法院の公布す
るリーディングケースの第43号事例である。

という）を締結した。賠償義務機関であるＫ省高級人民法院（以下，Ｙという）
は，それに基づいて本件不動産を差し押えた。そして，Ｂ社は，本件不動産の名
義をＡ社に変更し，登記を経由した。しかし，これに対してＣ銀行は，自らが
本件不動産を購入したとして，Ｙに執行不服申立てをおこなった。Ｙはこれを
審査した後，裁決（以下，「本件裁決」という）を以て本件不動産の名義変更登
記を取り消し，名義変更前の状態に回復させた。さらに，Ｋ省Ｋ市中級人民法
院は，判決で本件不動産の所有権がＣ銀行にあると判示して確定した。その後
に，Ａは破産した。そこで，Ｘは本件裁決および変更登記の取消しが違法であ
ることを理由とし，Ｙに本件不動産の返還および関係損害の賠償を請求した。

　最高人民法院賠償委員会は，本件和解書がＣ銀行の利益を侵害したことで，
Ｘの本件不動産を取得する権利が法の保護に値せず，本件裁決が合法的かつ合
理的であり，Ｘの債権が実現できないことと本件裁決およびその執行行為との
間に因果関係が存在しないと判断し，Ｘの請求を棄却した。

　本件は，執行の錯誤をめぐる事例である。司法賠償解釈を基にして本件を再
検討してみると，本件の核心たる争点は，本件裁決での登記変更が司法賠償解
釈第５条第６号でいう「違法に事件の執行対象たる物または金銭をその他の当
事者もしくは第三者に交付する場合」に該当するか否かという点である。それ
については，Ｃ銀行が自ら本件不動産に対して権利を有すると主張している
ことに対して，Ａ社は既に登記変更を経由して所有権を自らの名義の下に移転
している。中国での不動産譲渡の効力は，登記によって生じることになる。つ
まり，登記がなされる前には，不動産の所有権の変動が生じない。このことか
ら，本件不動産を既にＡ社が所有していると評価されるのに対して，Ｃ銀行
は未だに本件不動産に対する所有権を有していない。この事情を考慮すれば，
Ｃ銀行が契約に基づいてＢ社に対して違約責任による損害賠償を請求できる
にもかかわらず，人民法院は，敢えて物権変動行為を取り消して登記名義を原
状回復させる本件裁決を下した。その理由は疑わしいが，ともかくも本件裁決
の違法性は認められなかった。つまり，現在の司法賠償解釈に基づいても，本
件のような事例については，司法賠償責任が認められない。さらに，実務にお

いては，とりわけ確定判決の執行の場合には，本件のように，事実状況がかなり複雑であり，執行が円滑に進むことは相当困難である。司法賠償を求める者にとっては，司法賠償解釈および国賠法第 38 条の定めがあるとしても，救済を取得できるとは必ずしもいえない。しかし，司法賠償に関する主たる課題は，既に現在においては，いかなるものを根拠条文とするかという視点から，条文をいかに解釈して救済の範囲を拡大するかという次元に移ってきていることが認識されるべきである。

■資料⑴ ─────────────────────────────

【中華人民共和国国家賠償法】(2010)

第1章　総　則

第1条（立法目的）

　国民，法人またはその他の組織が法に従って国家賠償を取得する権利を保障し，国家機関が法に従って職権を行使することを促進させるため，憲法に基づき，本法を制定する。

第2条（原則）

① 　国家機関またはその職員が職権の行使について，本法の規定する国民，法人またはその他の組織の合法的権利・利益を侵害し，損害をもたらした場合には，被害者は本法に従って国家賠償を取得する権利を有する。

② 　本法が規定する賠償義務機関は，本法に従って速やかに賠償義務を履行しなければならない。

第2章　行政賠償

第1節（賠償範囲）

第3条（人身権侵害）

　行政機関およびその職員が行政職権の行使について，次の各号に掲げる人身権侵害の場合のいずれかに該当するとき，被害者は賠償を取得する権利を有する。

　一　違法に拘留または違法に国民の人身の自由を制限する行政強制措置をとる場合。

　二　不法拘禁またはその他の方法で違法に国民の人身の自由を剥奪する場合。

　三　殴打，虐待などの行為を行い，または他人の殴打，虐待などの行為を唆し・

　　見逃し，国民の身体の傷害もしくは死亡をもたらす場合。

　四　違法に武器，警察装備を使用し，国民の身体の傷害，または死亡をもたらす
　　場合。

　五　国民の身体の傷害あるいは死亡をもたらすその他の違法行為。

第4条（財産権侵害）

　行政機関およびその職員が行政職権の行使について，次の各号に掲げる財産権侵
害の場合のいずれかに該当するとき，被害者は賠償を取得する権利を有する。

　一　違法に過料を科し，許可証の取消し，生産・営業の停止を命じ，財産を没収
　　することなどの行政処罰を実施する場合。

　二　違法に財産に対して差押え，凍結などの行政強制措置をとる場合。

　三　違法に財産を収用，使用する場合。

　四　財産損害をもたらすその他の違法行為。

第5条（免責事由）

　次の各号に掲げる場合のいずれかに該当するとき，国家は賠償責任を負わない。

　一　行政機関の職員の職権の行使に関係がない個人行為。

　二　国民，法人またはその他の組織の自己行為によって損害が生じる場合。

　三　法律で規定されるその他の場合。

第2節　賠償請求人と賠償義務機関

第6条（賠償請求人）

①　損害を被った国民，法人またはその他の組織が賠償を要求する権利を有する。

②　損害を被った国民が死亡した場合，その相続人とその他の扶養関係ある親族は賠
　償を要求する権利を有する。

③　損害を被った法人またはその他の組織が消滅した場合，その権利の継続者は賠償
　を要求する権利を有する。

第7条（賠償義務機関）

①　行政機関およびその職員が職権の行使について，国民，法人またはその他の組織
　の合法的権利・利益を侵害して損害をもたらす場合，当該行政機関を賠償義務機関
　とする。

② 2つ以上の行政機関が共同して職権の行使について，国民，法人またはその他の組織の合法的権利・利益を侵害して損害をもたらす場合，共同して職権を行使する行政機関を共同賠償義務機関とする。

③ 法律・法規が授権する組織は，授権される権限の行使について，国民，法人またはその他の組織の合法的権利・利益を侵害して損害をもたらす場合，授権される組織を賠償義務機関とする。

④ 行政機関の委託を受けた組織または個人が委託した当該行政権限の行使について，国民，法人またはその他の組織の合法的権利・利益を侵害して損害をもたらす場合，委託する行政機関を賠償義務機関とする。

⑤ 賠償義務機関が廃止された場合には，引き継いで当該職権を行使する行政機関を賠償義務機関とする。引き継いで当該職権を行使する行政機関がない場合には，当該賠償義務機関を廃止した行政機関を賠償義務機関とする。

第8条（不服申立）

不服審査機関の審査を経た場合には，最初に権利侵害行為をおこなった原行政機関を賠償義務機関とする。ただし，不服審査機関の決定が損害を加重した場合には，当該加重部分に対しては当該審査機関が賠償義務を履行する。

第3節　賠償手続

第9条（賠償請求）

① 賠償義務機関は，本法第3条，第4条が規定する場合のいずれかに該当するとき，賠償しなければならない。

② 賠償請求人は，賠償を請求するとき，先に賠償義務機関に提出すべきである。賠償請求人は，行政不服審査または行政訴訟も提起することができる。

第10条（共同賠償義務機関）

賠償請求人は，共同賠償義務機関のいずれかに賠償を請求することができる。請求された賠償義務機関は先に賠償しなければならない。

第11条（賠償額）

賠償請求人は，損害を異にして複数の賠償請求を請求することができる。

第 12 条（申請書）

① 賠償を請求する場合には，申請書を提出しなければならない。申請書には，次に掲げる事項を記載しなければならない。

　　一　被害者の氏名・性別・年齢・勤務先または住所，法人もしくはその他の組織の名称・住所および代表取締役もしくは主要な責任者の姓名・職務。

　　二　具体的な請求，根拠事実または理由。

　　三　申請の年月日。

② 賠償請求人が自筆で申請書を書くのが明らかに困難である場合には，他の者に委託して代書させることができる。口頭で申請することもできる。この場合には，賠償義務機関が記録をとる。

③ 賠償請求人が被害者本人でない場合には，被害者との関係を説明しなければならない。この場合には相応の証明を提供するものとする。

④ 賠償請求人が直接に申請書を手交する場合には，賠償義務機関がその場で本行政機関の専用印鑑を押して，かつ受取済みの日付が明記してある証明書を交付しなければならない。申請書類に不備がある場合には，賠償義務機関はその場でまたは5日内に賠償請求人に一回限りでの補正すべき全ての内容を告知しなければならない。

第 13 条（賠償決定）

① 賠償義務機関は申請を受ける日から2か月以内に，賠償するか否かを決定する。賠償義務機関が賠償を決定するについては，賠償請求人の意見を充分に聴取しなければならない。賠償の方法，賠償の項目および賠償の金額について，本法第4章の規定に基づいて賠償請求人と協議することができる。

② 賠償義務機関が賠償する決定をした場合には，賠償決定書を作成しなければならない。かつ，賠償義務機関は，決定があってから10日以内に賠償請求人に送達しなければならない。

③ 賠償義務機関が賠償しない決定をした場合には，決定した日から10日以内に書面で賠償請求人に通知し，賠償しない理由を説明しなければならない。

第 14 条（訴訟の提起）

① 賠償義務機関が期限内に賠償するか否かについて決定をしない場合には，賠償請

求人は期限到来の日から３か月以内に人民法院に訴訟を提起することができる。

② 　賠償請求人が賠償の方法，項目，金額に対して不服とする場合，または賠償義務
機関が賠償しない決定をした場合には，賠償請求人は賠償義務機関が賠償決定をし
た，または賠償しない決定をした日から３か月以内に人民法院に訴訟を提起するこ
とができる。

第 15 条（挙証責任）

① 　人民法院が行政賠償案件を審理する場合には，賠償請求人と賠償義務機関は自ら
の主張について，証拠を提出しなければならない。

② 　賠償義務機関が行政拘留または人身の自由を制限する強制措置をとっている期間
に，人身の自由を制限された者が死亡もしくは行為能力を失った場合には，賠償義
務機関の行為と人身の自由を制限された者の死亡もしくは行為能力の喪失との間に
因果関係が存在しないことについて，賠償義務機関が証拠を提出しなければならな
い。

第 16 条（求償権）

① 　賠償義務機関が損害を賠償したのち，故意もしくは重過失がある職員または委託
を受けた組織もしくは個人に，一部または全部の賠償費用の負担を命じなければな
らない。

② 　故意または重大な過失がある者に対して，関係機関は法に基づいて処分しなけれ
ばならない。それが犯罪に該当する場合には，法に基づいて刑事責任を追及しなけ
ればならない。

第 3 章　刑事賠償

第 1 節　賠償範囲

第 17 条（人身権侵害）

取調べ，検察，裁判の職権を行使する機関ないし留置場，監獄管理機関およびそ
の職員が職権の行使について，次の各号に掲げる人身権侵害の場合のいずれかに該
当するとき，被害者は賠償を取得する権利を有する。

一　刑事訴訟法に違反して国民に対して勾留措置をとり，または刑事訴訟法で規

定される要件・手続きに基づいて国民に対して勾留措置をとったが，勾留期間が刑事訴訟法で規定されるものを超えて，その後に事件の取下げ，不起訴決定，もしくは無罪判決の言い渡しによって刑事責任の追及が終結された場合。

二　国民に対して逮捕措置をとったのち，事件の取下げ，不起訴の決定，または無罪判決の言い渡しによって刑事責任の追及が終結された場合。

三　審判監督手続きに基づいて再審で無罪判決に変えたが，既に原判決が執行されてしまっている場合。

四　拷問もしくは殴打・虐待をおこない，または他の者に殴打・虐待等の行為を唆し・見逃したことで，国民の身体の傷害もしくは死亡がもたらされた場合。

五　違法に武器，警察装備を使用し，国民に傷害または死亡をもたらした場合。

第18条（財産権侵害）

取調べ，検察，裁判の職権を行使する機関ないし留置場，監獄管理機関およびその職員が職権の行使について，次の各号に掲げる財産権侵害の場合のいずれかに該当するとき，被害者は賠償を取得する権利を有する。

一　違法に財産に対して差押え，凍結，追徴などの措置をとる場合。

二　審判監督手続きに基づいて再審で無罪判決に変えた場合に，既に原判決による罰金・没収が執行されているとき。

第19条（免責事由）

次の各号に掲げる場合のいずれかに該当するとき，国家は賠償責任を負わない。

一　国民自ら虚偽の供述をしたこと，またはその他の有罪証拠を偽造することによって身柄拘束または刑罰に処されることになった場合。

二　刑法第17条，第18条の規定に基づいて刑事責任を負わない者が身柄を拘束された場合。

三　刑事訴訟法第15条，第173条第2項，第273条第2項，第279条の規定に基づいて刑事責任を追及しない者が身柄を拘束された場合。

四　取調べ，検察，裁判の職権を行使する機関ないし留置場，監獄管理機関の職員の職権の行使と関係がない個人行為。

五　国民自らの自傷などの故意行為によって損害がもたらされた場合。

六　法律で規定されるその他の場合。

第2節　賠償請求人と賠償義務機関

第20条（賠償請求人）

　賠償請求人の特定は，本法第6条の規定を準用する。

第21条（賠償義務機関）

① 　取調べ，検察，裁判の職権を行使する機関ないし留置場，監獄管理機関およびその職員が職権の行使について，国民，法人またはその他の組織の合法的権利・利益を侵害して損害をもたらした場合には，当該機関を賠償義務機関とする。

② 　国民に対して勾留措置をとり，本法の規定に基づいて国家賠償を与えるべき場合には，勾留を決定した機関を賠償義務機関とする。

③ 　国民に対して逮捕措置をとったのちに事件の取下げ，不起訴の決定，または無罪判決の言い渡しがされた場合，逮捕を決定した機関を賠償義務機関とする。

④ 　再審で無罪判決に変えた場合には，効力が生じた原判決を下した人民法院を賠償義務機関とする。第二審で無罪判決に変え，または第二審で差し戻されて無罪にされた場合には，有罪判決を下した第一審人民法院を賠償義務機関とする。

第3節　賠償手続

第22条（不服審査前置）

① 　賠償義務機関は，本法第17条，第18条で規定される場合のいずれかに該当する場合には，賠償しなければならない。

② 　賠償請求人が賠償を請求する場合には，先に賠償義務機関に提出しなければならない。

③ 　賠償請求人が賠償請求を提出する場合には，本法第11条，第12条の規定を準用する。

第23条（賠償決定）

① 　賠償義務機関は，請求申請を受ける日から2か月以内に，賠償するか否かを決定しなければならない。賠償義務機関が賠償を決定した場合には，賠償請求人の意見を充分に聴取しなければならない。かつ，賠償の方法，項目，金額について本法第4章の規定に基づいて賠償請求人と協議することができる。

② 賠償義務機関が賠償を決定した場合には，賠償決定書を作成しなければならない。それは決定した日から 10 日以内に賠償請求人に送達しなければならない。

③ 賠償義務機関が賠償しない決定をした場合には，決定した日から 10 日以内に書面で賠償請求人に通知し，賠償しない理由を説明しなければならない。

第 24 条（決定に対する不服申立）

① 賠償義務機関が期限内に賠償するか否かの決定をしない場合には，賠償請求人が期限到来の日から 30 日以内に賠償義務機関の一級上の機関に不服を申し立てることができる。

② 賠償請求人が賠償の方法，項目，金額に対して不服とし，または賠償義務機関が賠償しない決定をした場合には，賠償請求人は賠償義務機関が賠償しまたは賠償しない決定をした日から 30 日以内に，賠償義務機関の一級上の機関に不服を申し立てることができる。

③ 賠償義務機関が人民法院である場合には，賠償請求人が本条の規定に基づいてその一級上の人民法院賠償委員会に賠償決定をおこなうべきことを請求することができる。

第 25 条（不服審査決定）

① 不服審査機関は，申請を受ける日から 2 か月以内に決定をしなければならない。

② 賠償請求人が不服審査決定を不服とする場合には，不服審査決定を受けた日から 30 日以内に不服審査機関の住所地の同級人民法院賠償委員会に賠償決定をおこなうべきことを請求することができる。不服審査機関が期限内に決定をしない場合には，賠償請求人は，期限到来の日から 30 日以内に不服審査機関の住所地の同級人民法院賠償委員会に賠償決定をおこなうべきことを請求することができる。

第 26 条（挙証責任）

① 人民法院賠償委員会が賠償請求を処理する場合には，賠償請求人と賠償義務機関が自らの主張に対して証拠を提出しなければならない。

② 身柄を拘束される者が身柄拘束の期間内に死亡または行為能力を失った場合には，賠償義務機関の行為と身柄を拘束される者の死亡または行為能力を失うこととの間に因果関係が存在しないことについて，賠償義務機関は証拠を提出しなければならない。

第 27 条（賠償請求の審査）

　　人民法院賠償委員会が賠償請求を審査する場合は，書面審理によるものとする。必要がある場合には，関係組織または個人に対して事情聴取，証拠収取をおこなうことができる。賠償請求人と賠償義務機関との間に損害事実または因果関係に関する争いがある場合には，賠償委員会が賠償請求人と賠償義務機関の陳述または抗弁を聴取し，口頭弁論をさせることができる。

第 28 条（審査期間）

　　人民法院賠償委員会は，賠償請求を受けた日から 3 か月以内に決定をしなければならない。疑問ある複雑で重大な案件に該当する場合には，その法院の院長の許可を得て，審査期間をさらに 3 か月延長することができる。

第 29 条（合議廷の組織）

①　中級以上の人民法院で賠償委員会を設置する。それは 3 名以上の人民法院の裁判官で構成する。構成員の人数は奇数とする。

②　賠償委員会が賠償決定をする場合には，多数決でおこなう。

③　賠償委員会が作成する賠償決定は，法的効力が生じた決定であり，執行されなければならない。

第 30 条（決定に対する再審判請求）

①　賠償請求人または賠償義務機関が賠償委員会の決定に誤りがあると思料する場合には，一級上の人民法院の賠償委員会に再審判請求を提起することができる。

②　賠償委員会の決定の効力が生じたあとで，その決定が本法の規定に違反することが明らかになった場合には，その法院の院長の決定または上級人民法院の指示を経て，その賠償委員会が 2 か月以内に審査を改めて法に従って決定をしなければならない。一級上の人民法院の賠償委員会は直接審査して決定をすることもできる。

③　最高人民検察院が各級人民法院賠償委員会の決定についての場合，または上級人民検察院が下級人民法院賠償委員会の決定についての場合には，本法の規定に違反することが明らかになったときは，同級人民法院賠償委員会に意見を述べるものとする。同級人民法院賠償委員会は 2 か月以内に審査を改めて法に基づいて決定をしなければならない。

第31条（求償権）

① 賠償義務機関が賠償したあとに，次の各号に掲げる場合のいずれかに該当する職員に，一部または全部の賠償費用を求償しなければならない。

　　一　本法第17条第4項，第5項で規定される場合。

　　二　事件を処理するに際して，横領・賄賂，私情にとらわれて不正を働き，または法を曲げた裁判をする行為をおこなった場合。

② 前項で規定された場合に該当する職員に対して，関係機関は法に従って処分をしなければならない。それが犯罪に該当する場合には，法に従って刑事責任を追及しなければならない。

第4章　賠償方法および算定基準

第32条（賠償方法）

① 国家賠償は，賠償金で支払う方法を主たる方法とする。

② 返還財産または原状回復ができる場合には，返還財産または原状回復をする。

第33条（人身の自由についての賠償金の算定基準）

　　国民の人身の自由を侵害する場合には，毎日の賠償金は前年度の全国平均日給を基準として算定する。

第34条（生命健康についての賠償金の算定基準）

① 国民の生命・健康権を侵害した場合には，賠償金は次の各号に掲げる基準で算定する。

　　一　身体の傷害をもたらした場合には，医療費，介護費，または働かなかったために減少した収入を支払わなければならない。減少した収入についての賠償金は，前年度の全国平均日給を基準として算定する。最高額は前年度の全国平均年給の5倍とする。

　　二　労働能力の一部もしくは全部を喪失した場合には，医療費，介護費，障害による補助用具の費用，リハビリテーション代等の身体障害によって必要となった支出または治療継続のために必要な費用ならびに障害賠償金を支払わなければならない。障害賠償金は労働能力の喪失の程度を異にして国家の規定に基づいて障害の階級を認定する。最高額は前年度の全国平均年給の20倍を超えな

いものとする。労働能力を全部喪失した場合には，その者が扶養する無労働能
力者に対して生活費を支払わなければならない。

三　死亡をもたらした場合には，死亡賠償金，葬儀費を支払わなければならな
い。総額は前年度の全国平均年給の 20 倍とする。死者が生前扶養していた無
労働能力者に対しては，生活費を支払わなければならない。

② 　前項の第二号，第三号で規定される生活費の配布基準は，当地の最低生活保障金
を基準として執行する。扶養される者が未成年の場合には，生活費の給付が 18 歳
に至るまで，その他の無労働能力者に対する生活費の給付は死亡に至るまでとす
る。

第 35 条（精神的慰謝料）

本法第 3 条または第 17 条で規定される場合のいずれかに該当し，精神的損害を
与えたとき，権利侵害行為の影響の範囲内で，被害者への影響を除去し，名誉を回
復し，謝罪するものとする。その結果が重大な場合には，相応の精神的慰謝料を支
払わなければならない。

第 36 条（財産権侵害）

国民，法人またはその他の組織の財産権を侵害して損害を与えた場合には，次の
各号に従って処理する。

一　罰金，追徴，財産の没収または違法に財産を収用・使用する場合には，財産
を返還する。

二　財産を差押え，凍結する場合には，財産に対する差押，凍結を解除する。そ
こで，財産の毀損または滅失をもたらす場合には，本条第三号，第四号の規定
に従って賠償する。

三　返還すべき財産を毀損した場合には，原状回復ができるときには原状回復を
し，原状回復ができないときには毀損の程度に基づいて相応の賠償金を払う。

四　返還すべき財産を滅失した場合には，相応の賠償金を払う。

五　財産が既に競売または換金された場合には，競売または換金で取得した金銭
を給付する。競売で取得した金銭が明らかに財産の価値より低い場合には，相
応の賠償金を支払わなければならない。

六　許可証または免許書の取消し，営業・生産の停止を命じる場合には，営業・

生産の停止の期間内に必要となった日常出費。

　七　執行した罰金，追徴または没収した金銭を返還する。凍結した貯金または振込送金を解除する場合には，その期間に応じて銀行の定期預金の利息も支払わなければならない。

　八　財産権に対するその他の損害については，直接に生じた損失に基づいて賠償する。

第 37 条（賠償費用の支給）

① 賠償費用は各級行政の財政予算から支給する。

② 賠償請求人は既に効力が生じた判決書，不服審査決定書，賠償決定書または和解書に基づいて，賠償義務機関に賠償金の支給を請求するものとする。

③ 賠償義務機関は賠償金の支給の請求を受けた日から 7 日以内に，予算の管理権限に基づいて関係財政機関に支給の申込みを提出しなければならない。財政機関は支給の申込みを受けた日から 15 日以内に賠償金を支給しなければならない。

④ 賠償費用の予算および支給の管理に関する具体的な手続きは国務院が定めるものとする。

第 5 章　その他の定め

第 38 条（司法賠償）

　人民法院が民事訴訟，行政訴訟において，違法に訴訟の妨害に対する強制措置・保全措置をとり，または判決，裁決およびその他の効力が生じた法律文書の執行を誤ったことで，損害をもたらした場合には，賠償請求人の賠償請求の手続きについては本法の刑事賠償手続きを準用する。

第 39 条（時効）

① 賠償請求人の国家賠償請求は 2 年間行使しないときには消滅する。その期間は，国家機関もしくはその職員による職権の行使が自らの人身権・財産権を侵害したことを知ったとき，または知りえたときから起算する。ただし，これには身柄の拘束等の人身の自由が制限された期間を含まない。不服申立てまたは行政訴訟に併合して賠償請求を提出する場合には，行政不服審査法，行政訴訟法で定める時効に関する規定を適用する。

② 賠償請求人が賠償請求の時効の最後の 6 か月以内に，不可抗力またはその他の障害によって請求権を行使できなくなった場合には，時効は中断する。時効中断の原因が消除した日から，賠償請求の時効期間は進行する。

第 40 条（外国人）

① 外国人，外国の企業または組織が中華人民共和国の領域内で中華人民共和国の国家賠償を請求する場合には，本法を適用する。

② 外国人，外国企業または組織が所属する国が，中華人民共和国国民，法人またはその他の組織に対して当該国家の国家賠償を請求する権利を保護せずまたは制限する場合には，中華人民共和国は当該外国人，外国企業または組織が所属する国家に対して相互主義を適用する。

第 6 章　附　　則

第 41 条

① 賠償請求人が国家賠償を請求する場合には，賠償義務機関，不服審査機関または人民法院は賠償請求人から何らの費用も徴収してはならない。

② 賠償請求人が取得する賠償金に対しては税金を課さないものとする。

第 42 条

本法は 1995 年 1 月 1 日から施行する。

【最高人民法院の行政賠償案件の審理の若干問題に関する規定】

```
公 布 機 関：最高人民法院
文 件 番 号：法発［1997］10 号
公布・試行時期：1997 年 4 月 29 日
効     力：有効
```

　行政賠償の事件を正確に審理するため，「中華人民共和国国家賠償法」と「中華人民共和国行政訴訟法」に基づき，行政賠償の事件の審理についての若干問題に対し，以下の規定を定める。

一　受理の範囲

第1条　「中華人民共和国国家賠償法」(1994 年国賠法：筆者注) 第 3 条，第 4 条が規定するその他の違法行為は，そこで具体的に列挙された行政行為についての行政機関およびその職員の行政職権の行使にかかわって，国民，法人，その他の組織に損害を与え，行政職責に違反する行為を含む。

第2条　賠償請求人は，行政機関は具体的行政行為が違法であることを確認したが，賠償しないことを決定したことで，または認定した賠償の金額を不服として，行政賠償訴訟を提起する場合，人民法院は受理しなければならない。

第3条　賠償請求人は，行政機関およびその職員が国家賠償法（1994 年国賠法：筆者注）第 3 条第 3 号，第 4 号，第 5 号と第 4 条第 4 号で列挙する具体的行政行為以外の行為による，その人身権・財産権の侵害と損害に対し，賠償義務機関が加害行為の違法確認を拒む場合，直接に人民法院に行政賠償訴訟を提起できる。

第4条　国民，法人，またはその他の組織は，行政訴訟を提起すると同時に一括して行政賠償請求を提出する場合，人民法院は一括して受理しなければならない。

　2　賠償請求人は，行政賠償訴訟を単独で提起するときは，賠償義務機関の処理前置を前提としなければならない。賠償請求人は，賠償義務機関が，認定した賠償の

金額，または期限を超えて賠償をしない場合，人民法院に行政賠償訴訟を提起する権利を有する。

第5条　法律の規定する行政機関によって終局的裁決をする具体的行政行為については，終局的裁決をする行政機関が違法を確認したにもかかわらず，賠償義務機関が賠償すべきものの賠償をせず，もしくは期限を超えて賠償をせず，または賠償の金額を不服として賠償請求人が行政賠償訴訟を提起する場合，人民法院は法に従って受理しなければならない。

第6条　国民，法人，その他の組織は，国家の防衛・外交等の国家行為，または行政機関が作成し公布する行政法規・規章，もしくは一般的拘束力のある決定・命令が，その合法的権利・利益を侵害しかつ損害を被ったことを理由とし，人民法院に行政賠償訴訟を提起する場合，人民法院は受理をしない。

二　管　轄

第7条　国民，法人，その他の組織は，行政訴訟を提起すると同時に一括して行政賠償訴訟を請求する場合，人民法院は，行政訴訟法（1989年行訴法：筆者注）第17条，第18条，第20条の規定に従って管轄をする。

第8条　賠償請求人が提起する行政賠償訴訟における請求が不動産にかかわる場合，それは，不動産所在地の人民法院が管轄する。

第9条　①　単独で提起する行政賠償訴訟の事件は，被告所在地の基礎人民法院が管轄する。

②　中級人民法院は，以下に掲げる行政賠償事件の第一審を管轄する。

　一　被告が税関・特許管理機関であるとき。

　二　被告が国務院の各部門（内閣府各省に相当：筆者注）または省，自治区，直轄市人民政府であるとき。

　三　その管轄区域内にその他の重大な影響力のある複雑な行政賠償の事件であるとき。

③　高級人民法院は，その管轄区域内に重大な影響力のある複雑な行政賠償の事件の第一審を管轄する。

④　最高人民法院は，全国的に重大な影響力のある複雑な行政賠償の事件の第一審を

管轄する。

第10条 賠償請求人は，一つの事実につき二つ以上の行政機関に対して行政訴訟を提起する場合，その中のいずれかの住所地の人民法院に提起できる。賠償請求人は，管轄権限ある二つ以上の人民法院に行政賠償訴訟を提起する場合，最初に訴状を受けた人民法院が管轄をする。

第11条 国民は，人身の自由を制限する行政強制措置を不服とし，または行政賠償機関が同一の事実について同一の当事者に対して人身の自由を制限する強制措置と財産に対する強制措置をとる具体的行政行為を不服として，行政訴訟を提起すると同時に一括して行政賠償を請求する場合，行政訴訟を受理する人民法院が管轄をする。行政賠償訴訟を単独で提起する場合，被告の住所地または原告の住所地または不動産の所在地の人民法院が管轄をする。

第12条 人民法院は，受理した事件が自らの管轄に属さないことが明らかになった場合，管轄権ある人民法院に移送しなければならない。転送された人民法院は，再度移送することができない。

第13条 ① 人民法院の管轄権に対して意見が分かれる場合，争いがある双方は合意によって解決するものとする。合意ができない場合，それらの共通の上級人民法院に報告し管轄の指定を求める。ここでの双方とは省，自治区，直轄市を管轄する人民法院であり，高級人民法院の間で合意できない場合，最高人民法院が速やかに管轄の指定をする。

② 前項に従って上級人民法院に報告し管轄の指定を求めるとき，階級の順序に従って逐次おこなわなければならない。

三 訴訟の当事者

第14条 行政賠償事件の処理の結果に法律上の利害関係があるその他の国民，法人，その他の組織は，第三者として行政賠償訴訟に参加する権利を有する。

第15条 被害者である国民が死亡した場合，その相続人とその他の扶養関係ある親族，および死者が生前に扶養していた労働能力なき者は，行政賠償訴訟を提起する権利を有する。

第16条 企業法人またはその他の組織は，行政機関により撤廃，変更，合併，登記

の抹消をされたことで経営自由の権利が侵害されたとの理由で，法に従って行政賠償訴訟を提起する場合，その企業法人あるいはその他の組織，またはそれに対して権利を享有する法人あるいはその他の組織は，全て原告の資格を有する。

第17条　二つ以上の行政機関が共同で権利侵害を行い，賠償請求人がその中の一つまたは複数の権利侵害機関に対して行政賠償訴訟を提起する場合，訴訟請求が分離できれば，訴えられた一つまたは複数の権利侵害機関が被告になり，訴訟請求が分離できなければ，人民法院は法に従って，その他の権利侵害機関を共同の被告として追加する。

第18条　不服審査機関の不服審査決定によって損害の加重がもたらされた場合，賠償請求人が，元の決定をした行政機関のみに対して行政賠償訴訟を提起すると，元の決定をした行政機関が被告となる。賠償請求人が，不服審査機関のみに対して行政賠償訴訟を提起すると，不服審査機関が被告になる。

第19条　行政機関は，行政訴訟法（1989年行訴法：筆者注）第66条の規定に基づいて人民法院に具体的行政行為の強制執行を要請し，この強制執行の根拠の誤りによって行政賠償訴訟が生じた場合，強制執行を要請する行政機関が被告になる。

第20条　人民法院は，行政賠償事件の審理で，被告を変更する必要があるが，原告がこの変更を認めない場合，訴えを却下する決定をおこなう。

四　起訴と受理

第21条　賠償請求人は，行政賠償訴訟を単独で提起するときは，以下に掲げる要件に合致しなければならない。

一　原告には請求の資格があること。

二　明確な被告があること。

三　具体的な賠償請求と損害を被った事実上の根拠があること。

四　加害行為が具体的行政行為である場合，当該行為は既に違法であることを確認されたこと。

五　賠償義務機関が既に前置の処理をし，または法定の期限を超えて処理をしないこと。

六　人民法院の行政賠償訴訟の受理範囲と人民法院の管轄に属すること。

七　法律の規定する出訴期間に適合すること。

第22条　賠償請求人は，行政賠償訴訟を単独で提起するとき，賠償義務機関に請求してから2か月が満了した日の後，3か月以内に提出できる。

第23条　国民，法人またはその他の組織は，行政訴訟を提起すると同時に一括して行政賠償請求を提出する場合，その出訴期間については行政訴訟の出訴期間の規定に従う。

第24条　賠償義務機関は，賠償決定をするとき，賠償請求人に訴権または出訴期間を告知せず，賠償請求人が期限を超えて人民法院に訴えを提起することになった場合，その出訴期間は賠償請求人が実際に訴権または出訴期間を知ったときから計算する。ただし，出訴期間を超える訴えは，賠償請求人が賠償決定を受けた日から1年を超過してはならない。

第25条　被害者である国民が死亡した場合で，その相続人と扶養関係のあるものが行政賠償訴訟を提起するとき，当該国民の死亡証明および賠償請求人と死亡した国民との間の関係の証明を提供しなければならない。

第26条　当事者が相次いで人身の自由を制限する行政強制措置と刑事勾留等の強制措置をうけた後，強制措置の違法が確認されることによって賠償を請求する場合，人民法院は，その行為の性格の差異に応じて，行政賠償手続と刑事賠償手続を別々に適用して受理する。

第27条　①　人民法院は，原告が行政賠償訴訟を単独で提起する訴状の提出を受けるとき，審査をしたうえで，7日以内に受理または受理しない決定をする。

②　人民法院は，行政賠償訴訟の訴状の提出を受けた後，7日以内に受理できるか否かについての確認ができない場合，予備的に受理しなければならない。審理中に受理の要件に合致しないことが明らかになった場合，訴えを却下する決定をおこなう。

③　当事者は，受理しない，または却下決定を不服とする場合，決定書の送達の日から10日以内に一級上の人民法院に上訴を提起できる。

五　審理と判決

第28条　当事者が行政訴訟の提起と同時に一括して行政賠償請求を提出し，または

具体的行政行為とそれにかかわるその他の行政職権の行使による権利侵害が損害を
もたらしたことによって，それらを一括して行政賠償請求を提出する場合，人民法
院は別々に分離して立件しなければならない。具体的な事情によって併合して審理
もでき，または別々に分離して審理することもできる。

第29条　人民法院は，行政賠償の事件を審理するとき，当事者の間の行政賠償につ
　　いての争いをめぐって審理および判断をおこなう。

第30条　人民法院は，行政賠償の事件を審理するとき，合法・自発という前提の下
　　で，賠償範囲・賠償の方法と賠償の金額について和解を提案することができる。和
　　解が成立すれば，行政賠償和解書を作成しなければならない。

第31条　被告が一審判決の前に原告と賠償協議を締結し，原告が訴えを取り下げよ
　　うとする場合，人民法院は，法に従ってそれを審査し，許可するか否かを判断しな
　　ければならない。

第32条　原告は，行政賠償訴訟において自らの主張の挙証責任を負う。被告は，賠
　　償しない，または賠償の金額を軽減することについての証拠を提出する権利を有す
　　る。

第33条　被告の具体的行政行為が違法であるが，未だ原告の合法的権利・利益に損
　　害を与えていない場合，または原告の請求には事実上の根拠あるいは法的根拠がな
　　い場合，人民法院は原告の賠償請求を棄却しなければならない。

第34条　人民法院は，賠償請求人が確認の手続きを経ずに直接行政賠償訴訟を提起
　　する事件に関して，判決のときに賠償義務機関の加害行為が違法であるか否かにつ
　　いて確認をしなければならない。

第35条　人民法院が作成する行政賠償訴訟を単独で提起する事件に対する判決の法
　　律文書の名称は，行政賠償判決書，行政賠償裁定書または行政賠償和解書とする。

六　執行と期間

第36条　法的効力が生じた行政賠償の判決，裁定または和解協議は，当事者が履行
　　しなければならない。その一方が履行を拒む場合，相手方は第一審の人民法院に執
　　行を請求することができる。

第37条　単独で受理した行政賠償の事件の第一審の審理期間は3か月であり，第二

審は2か月とする。一括して受理した行政賠償の事件の審理期間は，当該行政訴訟の事件の審理期間と同様である。特別な事情によって期間内に終結ができず，審理期間の延長の必要がある場合，行政訴訟法（1989年行訴法：筆者注）の関係規定に従って報告し承認を求めなければならない。

七　その他

第38条　人民法院は，行政賠償の事件を審理するとき，国家賠償法（1994年国賠法：筆者注）の行政賠償手続きの規定に従うほか，本規定が規定していない場合，国家賠償法（1994年国賠法：筆者注）に抵触しない限り，行政訴訟法（1989年行訴法：筆者注）の関係規定を適用できる。

第39条　賠償請求人は，人民法院に加害行為の違法確認を要求するために関係する鑑定・現場検証・会計検査等の費用について予め支払わなければならない。敗訴側は，最後にそれを負担する。

第40条　最高人民法院は，以前に出した関係司法解釈が本規定と一致しない場合は，本規定に従って執行する。

■資料(3) ────────────────────────────

【国有土地上の家屋の収用と補償条例】

正　文

中華人民共和国国務院令第 590 号

　「国有土地上の家屋の収用と補償条例」は既に 2011 年 1 月 19 日に国務院第 141 回常務会議で可決され，現在公布に付する，公布の日から施行する。

$$\left(\begin{array}{l}\text{2011 年 1 月 21 日}\\\text{総理温家宝}\end{array}\right)$$

第 1 章　総　　則

第 1 条　国有土地上の家屋の収用および補償活動を規範化し，公共利益を保護し，収用される家屋の所有権者の合法的権利・利益を保障するため，本条例を定める。

第 2 条　重要な公共利益のために国有土地上の組織・個人の家屋を収用する場合には，収用される家屋の所有権者に公平な補償を与えなければならない。

第 3 条　家屋の収用と補償は，民主的に政策を決め，妥当な手続きに従い，結果を公開するという原則に従わなければならない。

第 4 条　①　市，県級人民政府は，その行政区画における家屋の収用と補償活動について責任を有する。

②　市，県級人民政府が確立する家屋収用組織は，その行政区画における収用と補償活動を組織し施行する。

③　市，県級人民政府の関係組織は，本条例の規定および同級人民政府の規定する職責の配分に基づいて，互い協力し合い，家屋の収用と補償活動の円滑な進行を保障しなければならない。

第 5 条　①　家屋収用組織は，家屋収用の実施組織に委託して，家屋の収用と補償に関する具体的な仕事を担当させることができる。家屋収用の実施組織は営利を目

160

的としてはならない。

② 家屋収用組織は，家屋収用の実施組織に委託した範囲内で実施した家屋の収用と補償行為について責任を持って監督し，かつ，その行為の結果に対して法的責任を負う。

第6条 ① 上級人民政府は，下級人民政府の家屋の収用と補償活動に対して監督を強化しなければならない。

② 国務院の住宅城郷建設の主要管理組織および省，自治区，直轄市人民政府の住宅城郷建設の主要管理組織は，同級の財政，国土資源，発展改革等の関係組織と合同で家屋の収用と補償の実施活動に対する指導を強化しなければならない。

第7条 ① 如何なる組織および個人も，本条例に反する行為について，関係人民政府，家屋収用組織またはその他の関係組織に通報する権利を有する。通報を受ける関係人民政府，家屋収用組織またはその他の関係組織は，当該通報に対して速やかに実情を調べて確認し，処理しなければならない。

② 監察機関は，家屋の収用と補償活動に参加する政府，関係組織または機構およびその工作人員に対する監察を強化しなければならない。

第2章　収用決定

第8条 国家の安全を保障し，国民的経済および社会の発展の促進等の公共利益の需要のため，次に掲げる場合のいずれかに該当し，家屋収用の必要が確実にあるとき，市，県級人民政府は家屋収用を決定する。

一　国防と外交のため。

二　政府が立ち上げるエネルギー，交通，水利等のインフラストラクチャーの建設のため。

三　政府が立ち上げる科学技術，教育，文化，衛生，体育，環境・資源保護，防災減災，文化財保護，社会福祉，市政・公用等の公共事業のため。

四　政府が立ち上げて実施する保障的住宅安置プロジェクトの建設のため。

五　政府が都市計画法の関係規定に基づいて，危険家屋が集中し，インフラストラクチャーが遅れている等地域に対して古い都市区域の改造・再建設を組織し実施するため。

六　法律・行政法規が規定するその他の公共利益のため。

第9条　①　本条例第8条に従って，確実に家屋収用の必要ある各号の建設活動は，国民的経済および社会の発展の計画，土地利用の全体計画，都市計画・専門項目の計画に適合しなければならない。保障的住宅安置プロジェクトの建設，古い都市区域の改造は，市・県級国民的経済および社会の発展の年度計画に組み入れなければならない。

②　国民的経済および社会の発展の計画，土地利用の全体計画，都市計画・専門項目の計画の作成は，広汎に社会大衆の意見を求め，科学的な検証をしなければならない。

第10条　①　家屋収用組織が作成する補償プランは，市，県級人民政府に報告する。

②　市，県級人民政府は，関係組織を組織し，補償プランについて検証を行って公開し，大衆に意見を求めなければならない。意見を求める期間は30日を下回ってはならない。

第11条　①　市，県級人民政府は，意見を求める状況および大衆の意見に基づく修正の状況を速やかに公開しなければならない。

②　古い都市区域の改造のための家屋の収用につき，多数の収用対象が収用補償プランを本条例の規定に適合しないものとする場合には，市，県級人民政府は，収用対象および大衆の代表が参加する聴聞会を開き，聴聞会の結果に基づいてプランを修正しなければならない。

第12条　①　市，県級人民政府は，家屋収用決定をする前に，関係規定に基づいて社会安定のリスクを評価しなければならない。家屋収用決定が及ぼす収用対象が多い場合には，政府の常務会議で議論し決定をしなければならない。

②　家屋収用決定をする前に，収用補償の費用は，十分な額に達するまで専用口座で管理し，特別支出金として，その項目にのみ使用するものでなければならない。

第13条　①　市，県級人民政府は，家屋収用決定をしたあと，速やかに公開し告知しなければならない。告知では，収用補償プランおよび不服審査，行政訴訟についての権利等の項目を明示しなければならない。

②　市，県級人民政府および家屋収用組織は，家屋収用および補償の宣伝・釈明の業務を効率よく遂行しなければならない。

③ 家屋が収用される場合には，国有土地使用権がそれとともに回収される。

第14条 収用対象は，市，県級人民政府の家屋収用決定を不服とする場合，法に従って不服審査を申し立てることもでき，行政訴訟を提起することもできる。

第15条 家屋収用組織は，収用区域における家屋の権利所属，位置，用途，建築面積等の状況について調査・登記をしなければならない。収用対象は，それに協力しなければならない。調査の結果は，家屋収用の範囲内を収用対象に公開しなければならない。

第16条 ① 家屋収用の範囲が確定されたあと，家屋収用の範囲内で新築，増改築，家屋の用途を変える等の不当に補償費用を増加させる行為をしてはならない。規定に反して行った場合には，補償しないものとする。

② 家屋収用組織は，前項で列挙した項目を書面で関係組織に通知し，関係手続きの処理を一時的に停止させなければならない。関係手続きの処理を一時的に停止させる書面通知は，停止の期限を明確に掲載しなければならない。停止の期限は1年を超えてはならない。

第3章 補 償

第17条 ① 家屋収用を決定した市，県級人民政府が収用される者に対してする補償は，次に掲げるものを包括する。

一 収用される家屋の価値に対する補償。

二 家屋収用による引っ越し，一時的居住に対する補償。

三 家屋収用による営業・生産の停止の損失に対する補償。

② 市，県級人民政府は，補助および奨励の規定を作成しなければならない。収用される者に対して補助および奨励を与える。

第18条 個人の住宅の収用に際して，収用される者が住宅保障の要件を満たす場合には，家屋収用を決定する市，県級人民政府は，優先的に住宅保障を与えなければならない。具体的な規定は，省，自治区，直轄市が作成する。

第19条 ① 収用される家屋の価値に対する補償は，家屋収用決定を公布する日の収用される家屋と類似する不動産の市場価格を下回ってはならない。収用される家屋の価値については，相応な資格を有する不動産価格評価機構が家屋収用の評価の

規定に基づいて評価する。

②　収用される家屋の価値の評価を不服とする場合には，不動産価格評価機構に対して再評価を請求することができる。再評価結果を不服とする場合には，不動産価格評価専門家委員会に鑑定を求めることができる。

③　家屋収用の評価の規定は，国務院の住宅城郷建設権利組織が作成する。作成の過程においては，社会に公開し意見を求めなければならない。

第20条　①　不動産価格評価機構は，収用される者の合意で選任される。合意できない場合には，多数決，ランダムな選任等の方法で決める。具体的な規定は，省，自治区，直轄市が作成する。

②　不動産価格評価機構は，独立して，客観的で公正に家屋価値の評価活動を行わなければならない。いかなる組織または個人も干渉してはならない。

第21条　①　収用される者は，貨幣での補償も選択でき，家屋の所有権の代替も選択できる。

②　収用される者が家屋の所有権の代替を選択する場合には，市，県級人民政府は，所有権の代替に供する家屋を提供しなければならない。かつ，収用される者と収用される家屋の価値と所有権の代替に供する家屋の価値の差額を算定，清算しなければならない。

③　古い都市区域の改造のために個人の住宅を収用する際に，収用される者が改造区域で家屋所有権を代替することを選択する場合には，家屋収用を決定する市，県級人民政府は，改造区域または近隣の区域にある家屋を提供しなければならない。

第22条　家屋収用による引っ越しの場合には，家屋収用組織は，収用される者に引っ越しの費用を支払わなければならない。家屋所有権の代替を選択する場合には，代替の家屋を明け渡す前に，家屋収用組織は，収用される者に一時的居住の費用の支給，またはそのための家屋を提供しなければならない。

第23条　家屋収用による営業・生産の停止の損失に対する補償は，家屋収用の前の売上げ，営業・生産の停止の期間等の要素によって決定する。具体的な規定は，省，自治区，直轄市が作成する。

第24条　①　市，県級人民政府および関係組織は，法に従って建設活動に対する監督・管理を強化し，都市計画に反する建設に対しては法に従って処理をしなければ

ならない。

② 市，県級人民政府は，家屋収用決定をする前に，関係組織を組織して収用区域にある未登記の建築を調査，認定または処理をしなければならない。合法的な建築または許可の期限を超えていない一時的な建築と認定した場合には補償しなければならない。違法な建築または許可の期限を超えた一時的な建築と認定した場合には補償しないものとする。

第25条 ① 家屋収用組織は，本条例に基づき収用される者と，補償の方法・金額・支払期限，所有権の代替のための家屋の場所・面積，引っ越し費用，一時的居住の費用，もしくはそのための家屋や営業・生産の停止の損失，立ち退く期限，一時的居住の方式・期限等の項目について，補償協議を締結する。

② 補償協議を締結した後に当事者が補償協議で定める義務を履行しない場合には，相手方の当事者は法に従って訴訟を提起することができる。

第26条 ① 家屋収用組織が収用される者と，収用補償プランが定める協議締結期限内に補償協議を締結できず，または収用される家屋の所有権者が不明である場合には，家屋収用組織が家屋収用を決定する市，県級人民政府に報告し，市，県級人民政府が本条例に基づき収用補償プランに照らして補償決定をし，家屋収用の区域内に公布する。

② 補償決定は公平でなければならない。それは，本条例第25条第①項で規定される補償協議に関する項目を包括するものでなければならない。

③ 収用される者が補償決定を不服とする場合には，法に従って不服を申し立てることもでき，法に従って行政訴訟を提起することもできる。

第27条 ① 家屋収用の施行は，先に補償，後に立ち退くという順番でなければならない。

② 家屋収用を決定する市，県級人民政府が収用される者に補償した後，収用される者は補償協議で合意し，または補償決定で定めた立ち退く期限内に引っ越しをしなければならない。いかなる組織または個人も，暴力，脅迫または規定に反して光熱・水・電・ガスの供給を切断し，または通行道路を遮断する等の違法な方法で収用される者に引っ越しを強要してはならない。建設組織の，立ち退く活動への参加は禁じられる。

第28条　①　収用される者は，法定の期間内に不服審査または行政訴訟を求めず，かつ補償決定が規定する期間内に立ち退かない場合には，家屋収用を決定する市，県級人民政府は法に基づいて人民法院に強制執行を申請する。

②　強制執行の申込書には，具体的な補償金の金額・専用口座の番号，所有権の代替の家屋・一時的居住のための家屋の場所および面積等の資料を添付しなければならない。

第29条　①　家屋収用組織は，法に従って家屋収用の補償案を作成しなければならない。かつ，家屋ごとに補償する状況を，家屋収用の範囲内の収用される者に公示する。

②　会計検査機関は，収用補償の費用に対する管理・使用の監督を強化しなければならない。かつ会計検査の結果を公示する。

第4章　法律責任

第30条　市，県級人民政府および家屋収用組織の職員は，家屋収用と補償活動で法条例が規定する職責を履行せず，または職権の濫用，職務の懈怠，私情で不正を働く場合には，上級人民政府または本級人民政府は是正を命じ，通達して批判する。損害をもたらした場合には，法に従って賠償責任を負う。直接に責任を負う主たる管理者またはその他の直接に責任を負う者に対して，法に従って処分をおこなう。犯罪に該当する場合には，法に従って刑事責任を追及する。

第31条　暴力，脅迫または規定に反して光熱・水・電・ガスの供給を切断し，または通行道路を遮断する等の違法な方法で収用される者に引っ越しを強要し，損害をもたらす場合には，法に従って賠償責任を負う。直接に責任を負う主たる管理者とその他の直接に責任を負うものについて，犯罪に該当する場合には，法に従って刑事責任を追及する。犯罪に該当しない場合には，法に従って処分する。治安管理に違反する行為に該当する場合には，法に従って治安管理処罰に処する。

第32条　暴力，脅迫等の方法で法に基づいて進行する家屋収用と補償活動を妨害し，それが犯罪に該当する場合には，法に従って刑事責任を追及する。治安管理に違反する行為に該当する場合には，法に従って治安管理処罰に処する。

第33条　収用補償の費用につき横領，転用，ひそかに分け，恣意的な差止めがなさ

れた場合には，是正を命じ，関係の費用を取り戻し，関係責任のある組織に対して通達して批判し，警告をする。損害をもたらす場合には，法に従って賠償責任を負う。直接に責任を負う主たる管理者とその他の直接に責任を負う者について，犯罪に該当する場合には，法に従って刑事責任を追及する。犯罪に該当しない場合には，法に従って処分する。

第34条 不動産価格評価機構または不動産価格評価師が虚偽または重大な誤りある評価報告をおこなった場合には，証書の発行機関が一定の期限内に是正することを命じ，警告に処し，不動産価格評価機構に対して5万元以上20万元以下の罰金に処し，不動産価格評価師に対して1万元以上3万元以下の罰金に処し，かつ信用ファイルに記入する。事情が重大である場合には，資格証書，登録証書を取り消す。損害をもたらす場合には，法に従って賠償責任を負う。犯罪に該当する場合には，法に従って刑事責任を追及する。

第5章　附　　則

第35条 本条例は，公布する日から執行する。2001年6月13日に国務院が公布する「都市家屋立退き管理条例」は同時に廃止される。本条例の施行の前に既に家屋立退き許可証を取得したプロジェクトについては，引き継いで原規定が適用される。ただし，政府は関係組織に強制的に立ち退くことを命じてはならない。

■資料(4)────────────────────────────

【最高人民法院・最高人民検察院の刑事賠償事件の処理
についての法律適用に関する若干問題の解釈】

公布機関：最高人民法院・最高人民検察院
文書番号：法釈［2015］24号
公布期日：2015年12月28日
執行期日：2016年1月1日
効　　力：有効

2015年12月14日，最高人民法院の審判委員会の第1671回会議・2015年12月21日最高人民検察院第12期検察委員会第46回会議で可決。

本　　文

国家賠償法（2010年国賠法：筆者注）および関係法律の規定に従って，刑事賠償活動の実態に相応するように，刑事賠償の事件の処理についての法律適用の若干問題に関して，以下の通りに解釈をする。

第1条　賠償請求人が，取調べ・検察・裁判の職権行使の機関および留置場・監獄管理機関ならびにその職員の職権行使の行為によって人身権・財産権が侵害されたことで国家賠償を請求し，国家賠償法（2010年国賠法：筆者注）第17条，第18条が規定する事情がある場合，それは本解釈が規定する刑事賠償の範囲に属する。

第2条　①　勾留または逮捕措置を解除，取り消した後に未だ事件を取り下げず，不起訴処分をせず，または無罪を言い渡していないとしても，以下に掲げられる事情のいずれかに該当する場合，国家賠償法第17条第1項，第2項が規定する刑事責任の追及の終結に属する。

一　事件の担当機関が容疑者に対する取調べの終結を決定した場合。

二　保釈，居住監視，勾留，逮捕措置を解除，取り消した後，事件の担当機関が，1年間を超えて公訴への移送，不起訴決定または事件の取下げをしない場合。

三　保釈，居住監視について法定の期間が満了した後，事件の担当機関が，1年を超えて公訴への移送，不起訴決定または事件の取下げをしない場合。

四　人民検察院が起訴を取り下げてから30日を超えて不起訴を決定しない場合。

五　人民法院が起訴の取下げの処分をした後，人民検察院が30日を超えて不起訴を決定しない場合。

六　刑事事件における私訴（原文：自訴）事件の原告（原文：自訴人）が訴訟を取り下げた場合，または人民法院が私訴事件を起訴取下げとして処分する場合。

②　賠償義務機関は，未だ刑事責任の追及が終結していないことを証明する証拠を有し，かつ人民法院賠償委員会の審査によってそれが真実とされた場合，賠償請求人の賠償請求を棄却するよう決定しなければならない。

第3条　①　財産に対して査封（原文のまま。不動産に対する差押え），扣押（原文のまま。動産に対する差押え），（口座：筆者注）凍結，追徴等の措置をとった後，以下に掲げられる事情のいずれかがあり，かつ事件の担当機関が未だに査封，扣押，凍結等措置を解除せず，または財産を返還しない場合，それは国家賠償法第18条に規定する財産権侵害に属する。

一　賠償請求人が，財産が未だに終結していない刑事事件と無関係であることを証明する証拠を持ち，それが審査を経て真実であると認定される場合。

二　取調べを終結させ，事件を取り下げ，不起訴にし，無罪判決を言い渡して刑事責任の追及を終結させる場合。

三　保釈，居住監視，勾留あるいは逮捕措置をとり，強制措置の解除，取り消し，または強制措置の法定の期間が満了した後に1年を超えて起訴，不起訴の決定あるいは事件の取下げをしない場合。

四　保釈，居住監視，勾留または逮捕措置をとらず，立件してから2年を超えて起訴，不起訴の決定，あるいは事件の取下げをしない場合。

五　人民検察院が起訴を取り下げてから30日を超えて不起訴の決定をしない場合。

六　人民法院が起訴の取下げとして処理してから30日を超えたにもかかわらず，人民検察院が不起訴の決定をしない場合。

七　効力が生じた裁決にない財産またはその財産に対して違法にその他の処分をおこなった場合。

②　前項第三号から第六号までの事情のいずれかがあり，賠償義務機関が未だに刑事
　責任の追及を終結していないことを証明する証拠を持ち，かつ人民法院賠償委員会
　の審査で，それが真実であると認定された場合は，賠償請求人の賠償請求を棄却す
　る決定をしなければならない。

第4条　①　賠償義務機関は，賠償決定に対し，法に従って賠償請求人に30日以内
　に賠償義務機関の一級上の機関に不服を申し立てる権利を有することを告知しなけ
　ればならない。賠償義務機関が法に従って告知をせず，賠償請求人が賠償決定を受
　けた日から2年以内に不服申立てを提出する場合，不服審査機関は受理しなければ
　ならない。

②　人民法院賠償委員会による賠償請求の処理は，前項の規定を適用する。

第5条　①　国民に対して刑事勾留措置をとった後に刑事責任の追及を終結させた
　場合でも，以下に掲げられる事情のいずれかがある場合は，国家賠償法第17条第
　1項の規定する違法な刑事勾留に属する。

一　刑事訴訟の規定する要件に違反して勾留措置をとる場合。

二　刑事訴訟の規定する手続きに違反して勾留措置をとる場合。

三　刑事訴訟の規定する要件・手続きに従って国民に対して勾留措置をとったが，
　　勾留の期間が刑事訴訟の規定するものを徒過した場合。

②　違法な刑事勾留の人身の自由についての賠償金は，勾留した日から計算する。

第6条　併合罪の事件が再審によって一部の罪名が成立しない判決に変わった場合，
　禁錮の期間が再審判決で認定された刑期を超え，国民が超過した刑期について国家
　賠償を請求する場合は，賠償をしなければならない。

第7条　国家賠償法第19条第2項，第3項の規定に基づき，刑法第17条，第18条
　の規定に従って刑事責任を負わない者と刑事訴訟法第15条，第173条第2項の規
　定に従って刑事責任を追及しない者が拘束されても，国家は賠償責任を負わないこ
　ととする。ただし，起訴されたあとに人民法院が誤って拘禁，有期懲役，無期懲役
　に処し，かつ執行してしまっている場合には，人民法院は，当該判決が確定したあ
　とに継続して拘束した期間につき，国民の人身の自由を侵害する場合として賠償し
　なければならない。

第8条　賠償義務機関は，国家賠償法第19条第1項，第5項で規定される場合に基

づいて賠償責任の免除を主張するときは，免責事由の成立についての挙証責任を負わなければならない。

第9条 ①　被害を受けた国民が死亡した場合には，その相続人とその他の扶養関係ある親族は国家賠償を請求する権利を有する。

②　法に基づいて相続権を有する同一順位の相続人が複数存在するときは，その中の一人または一部が賠償請求人として国家賠償を請求する場合には，その効力は全体に及ぶ。

③　賠償請求人が複数存在する場合には，その中の一人または一部の賠償請求人が全体の同意を得ずに，賠償請求の取下げもしくは放棄を請求するとき，その効力は賠償請求の取下げもしくは放棄を明確に示していないその他の賠償請求人には及ばない。

第10条　留置場およびその職員が職権の行使について国民の合法的権利・利益を侵害し，損害を与えた場合には，留置場の管理機関が賠償義務機関になる。

第11条　国民に対して勾留措置をとった後に逮捕措置をとり，国家が賠償責任を負う場合には，逮捕措置を決定した機関が賠償義務機関になる。

第12条 ①　第一審で有罪判決になり，第二審で原判決の破棄差戻しがなされた後に次に掲げる場合のいずれかに該当するときは，国家賠償法第21条第4項で規定される再審無罪による賠償に属し，第一審の有罪判決を下す人民法院が賠償義務機関になる。

一　原審の人民法院が原判決を破棄自判して無罪とし，かつ法的効力が生じた場合。

二　原判決を破棄差戻して審理する期間内に人民検察院が不起訴を決定する場合。

三　人民検察院が原判決を破棄差戻し審理する期間内に起訴を取り下げてから30日を超えて，または人民法院が起訴の取下げとして処理してから30日以内に不起訴の決定をしない場合。

②　審判の監督手続きに従ってなされた再審によって無罪とされた場合には，効力が生じた原判決を下した人民法院が賠償義務機関になる。

第13条　医療費用の賠償については，医療機構が発行する薬代，治療費，入院費等の領収書をカルテ，診断書等の関係証拠と照合して決める。賠償義務機関が治療の

必要性と合理性に異議を申し立てる場合には，その挙証責任を負わなければならない。

第14条　①　介護費の賠償は当地の同じレベルの介護事業に従事する介護士の労務報酬の基準で計算する。原則としては，1名の介護士を基準として介護費用を計算する。ただし，医療機構または司法鑑定師の明確な意見がある場合には，確認する介護士の人数を参照して相応の介護費用を賠償する。

②　介護の期間は身の回りのことを国民が自分でできるまでの期間で計算する。国民が障害によって身の回りのことが自分でできるまでには回復しえない場合には，その年齢，健康の状況等の要素で合理的な介護の期間を確定できるが，原則としては20年を超過してはならない。

第15条　①　障害の生活の補助用具の費用に対する賠償は，一般的に，適切な用具の合理的な費用の基準に基づいて計算する。障害に特殊な需要がある場合には，補助用具を配置・製造する機構の意見を参照して確定する。

②　補助用具の更新の周期と賠償の期限については，配置・製造する機構の意見を参照して確定する。

第16条　①　仕事への支障による収入の減少に対する賠償は，被害を受けた国民の仕事への支障の期間と国家の前年度の全国平均日給に基づいて確定する。最高額は前年度の全国平均年給の5倍である。

②　仕事への支障の期間は，国民が治療を受ける医療機構の出す証明で確定する。国民が障害によって継続して仕事に支障が生じる場合には，仕事への支障の期間は，賠償の基づく障害等級の鑑定で確定される日の前日まで算入できる。

第17条　①　国民の身体の障害に対する賠償は，司法の鑑定者の障害等級の鑑定で確定される国民の労働能力喪失の程度に基づいて，かつ次に掲げる基準を参照して障害賠償金を確定しなければならない。

一　国家の規定で決める障害等級に基づいて国民の障害が1級から4級までのいずれかに確定される場合には，労働能力の全部喪失と見なす。障害賠償金の幅は，前年度の全国平均年給の10倍から20倍までになる。

二　国家の規定で決める障害等級に基づいて国民の障害が5級から10級までのいずれかに確定される場合には，労働能力の一部喪失と見なす。障害が5級または

6級の場合には，障害賠償金の幅が前年度の全国平均年給の5倍から10倍までになる。障害が7級から10級までのいずれかの場合には，障害賠償金の幅が前年度の全国平均年給の5倍以下になる。

② 扶養義務のある国民が労働能力の一部喪失になる場合には，障害賠償金が障害の等級に基づいて，かつ扶養される者の生活の扶養義務者への依拠が喪失される状況を参照して確定する。最高額は前年度の全国平均年給の20倍を超過してはならない。

第18条 ① 被害を受けた国民が労働能力の全部喪失になる場合には，その扶養する労働能力がない者の生活費の支給基準について，賠償を決定するときに扶養される者の住所地が属する省級人民政府が確定する生活保障の基準を参照して確定する。

② 扶養の期間を確定できる場合には，生活費について合意して確定し，かつ1回で支払うことができる。扶養の期間を確定できない場合には，20年分を上限として扶養の期間を確定し，かつ1回で生活費を支払うことができる。扶養される者が60歳を超えた場合には，年齢の増加毎に扶養の期間を減少する。扶養される者の年齢が確定した扶養の期間を徒過した場合には，扶養される者が死亡するまで逐年で生活費を受領することができる。

第19条 ① 国民，法人またはその他の組織の財産権を侵害し損害を与えた場合には，国家賠償法第36条の規定に従って賠償責任を負わなければならない。

② 財産が原状回復できず，または滅失した場合には，財産の損害は損害発生に際して市場の価格またはその他の合理的な方法で計算する。

第20条 ① 執行済みの過料または罰金，追徴もしくは没収した金銭を返還し，振込みの凍結を解除する場合には，その期間に応じて銀行の定期預金の利息を支払わなければならない。利息については，賠償義務機関が賠償を決定する際に，中国人民銀行が公示する人民幣の定期預金の1年度の基準利息率を参照して確定する。

② 不服審査機関または人民法院賠償委員会が原賠償決定を変更する場合は，利息については，新たに決定する際に中国人民銀行が公示する人民幣の定期預金の1年度の基準利息率を参照して確定する。

③ 処罰・没収，追徴された資金が賠償請求人の金融機構での合法的な預金の場合に

は，預金契約の存続期間において，契約で約定される利息率に基づいて計算する。

第21条　①　国家賠償法第33条，第34条で規定される前年度とは，賠償義務機関が賠償を決定するときの前1年度を意味する。不服審査機関または人民法院賠償委員会が原賠償決定を変更する場合には，新たに決定するときの前年度の全国平均給与に基づいて人身の自由の賠償金を計算する。

②　賠償決定，不服審査決定をする際に前年度の全国平均給与が未だに公示されていない場合には，既に公示された一番近い年度の全国平均給与を基にする。

第22条　①　次に掲げる賠償決定・不服審査決定は法的効力が生じた決定である。

一　国家賠償法第24条で規定される期間を徒過して不服申立てをせず，または一級上の人民法院賠償委員会に国家賠償を請求する場合の賠償義務機関の決定。

二　国家賠償法第25条で規定される期間を徒過して人民法院賠償委員会に国家賠償を請求する場合の決定。

三　人民法院賠償委員会が出す決定。

②　法的効力が生じた賠償義務機関の決定と不服審査の決定は，法的効力が生じた賠償委員会の賠償決定と同様の法的効力を有し，法に従って執行しなければならない。

第23条　本解釈は2016年1月1日から施行する。本解釈の施行前の最高人民法院・最高人民検察院が公布した司法解釈と本解釈とが異なる場合には，本解釈を基準とする。

174

■資料(5) ──────────────────────────

【最高人民法院の民事・行政訴訟における司法賠償事件の審理 についての法律の適用に関する若干問題の解釈】

公布機関：最高人民法院
整理番号：法釈［2016］20 号
公布期日：2016 年 9 月 7 日
施行期日：2016 年 10 月 1 日
効　　力：現行・有効

本　文

「最高人民法院の民事・行政訴訟における司法賠償事件の審理についての法律の適用に関する若干問題の解釈」は，2016 年 2 月 15 日に最高人民法院審判委員会第 1678 回会議で可決された。公布日を 2016 年 9 月 7 日とし，2016 年 10 月 1 日から施行する。

「中華人民共和国国家賠償法」および関係法律の規定に基づき，人民法院の国家賠償活動の経験と結合させ，人民法院賠償委員会が民事・行政訴訟における司法賠償の事件を審理する際の法律の適用に関する問題について，以下のような解釈を行う。

第1条　人民法院が民事・行政訴訟の過程中，違法に，訴訟妨害に対する強制措置，保全措置，先取り的に執行する措置をとり，または判決・裁決およびその他の効力が生じた法的文書の執行を誤り，国民・法人およびその他の組織の合法的権利・利益を侵害し損害を与えた場合には，賠償請求人は法に従って人民法院に賠償を請求することができる。

第2条　訴訟妨害に対する違法な強制措置は，次に掲げる場合を含む。

一　訴訟妨害行為を行わなかった者に対して過料または司法拘留措置をとる場合。

二　法律で規定される最高金額を超えて過料を科した場合。

三　法律で規定される司法拘留の最長期間を超えて司法拘留措置をとった場合。

　四　同一訴訟妨害行為に対して重複して過料・司法拘留措置をとった場合。

　五　その他の違法の場合。

第3条　違法に保全措置をとることは次に掲げる場合を含む。

　一　法に基づいて保全措置をとるべきではないのにとった場合。

　二　法に基づいて保全措置を解除すべきではないのに解除し，または解除すべきなのに解除しなかった場合。

　三　明らかに訴訟請求の範囲を超えて保全措置をとった場合。ただし，保全された財産が分割できないもので，かつその財産の所有者がそれ以外の財産を持たず，または持っている財産が担保の実現に不足する場合を除く。

　四　特定物の明渡しについて，事件と無関係の産物に対して保全措置をとった場合。

　五　第三者の財産を違法に保全した場合。

　六　差押え，凍結した財産に対する監督・管理の職責を履行せずに保全対象たる財産の毀損，滅失をもたらした場合。

　七　旬の商品または新鮮・腐敗しやすいおよび長期的に保存すべきではない品物に対して保全措置をとり，速やかに処理せずまたは違法に処理することによって，その品物の毀損もしくは著しい価値の下落をもたらした場合。

　八　不動産，または船舶・航空機および自動車等の特殊の動産に対して保全措置をとり，法に従って登記機関に当該財産の変更登記をおこなわないように通知をせず，当該財産の所有権が譲渡されることになった場合。

　九　違法に保全措置をとった場合。

　十　その他の違法の場合。

第4条　違法に先取り的に執行する措置をとることは次に掲げる場合を含む。

　一　法律が規定する要件および範囲に違反して先取り的に執行した場合。

　二　訴訟請求の対象範囲を超えて先取り的に執行した場合。

　三　その他の場合。

第5条　判決，裁定およびその他の法律文書の執行の錯誤は次に掲げる場合を含む。

　一　効力が生じていない法律文書を執行した場合。

　二　効力が生じた法律文書で認定される額または範囲を超過して執行した場合。

三　既に発見した執行対象の財産に対して，故意に執行を遅延しまたはしないことで，その財産の滅失をもたらした場合。

四　執行の再開をすべきなのにしないことで，執行対象の財産の滅失をもたらした場合。

五　違法に第三者の財産を執行した場合。

六　違法に事件の執行対象たる物または金銭をその他の当事者もしくは第三者に交付した場合。

七　違法に抵当物，質入りの物または留置する物に対して執行を行い，抵当権者，質権者または留置権者の先取特権が実現できない結果をもたらした場合。

八　執行の過程で差押え，凍結した財産に監督・管理の職責を履行せずに保全対象たる財産の毀損，滅失をもたらした場合。

九　旬の商品または新鮮・腐敗しやすいおよび長期的に保存すべきではない品物に対して執行を行い，速やかに処理せず，または違法に処理することによって，その品物の毀損もしくは著しい価値の下落をもたらした場合。

十　執行対象たる財産に対して競売すべきなのに法に従う競売をしない場合，または資産評価機構によって評価すべきなのに法に従う評価をせずに，違法に換金もしくは代物弁済をした場合。

十一　その他の錯誤の場合。

第6条　人民法院の職員は，民事・行政訴訟の過程中，殴打・虐待もしくは他人の殴打・虐待を唆し・見逃す等の行為をおこない，または違法に武器・警察道具を使用し，国民の身体の障害もしくは死亡をもたらした場合には，国家賠償法第17条第4号，第5号の規定を適用して賠償をおこなう。

第7条　次に掲げる場合のいずれかに該当する場合には，国家は賠償責任を負わない。

一　民事訴訟法第105条，第107条第2項または第233条が規定する場合に属する場合。

二　執行の請求人が提供した執行の目的物が誤っていた場合。ただし，人民法院が，目的物が誤っていることを知っているにもかかわらず，執行を行った場合を除く。

三　人民法院が法に従って指定した保管者が，差押えた財産を違法に使用，隠蔽，毀損，移送または換金した場合。

四　人民法院の職員がおこなった職権の行使にかかわらない個人行為。

五　不可抗力，正当防衛と緊急避難によって損害をもたらした場合。

六　他の法に基づいて国家が賠償責任を負わない場合。

第8条　複数の原因によって国民，法人およびその他の組織の合法的権利・利益にかかわる損害をもたらされた場合には，人民法院およびその職員の職権行使の行為が損害結果の発生または拡大に影響した作用等の要素に基づき，合理的に賠償金の金額を認定しなければならない。

第9条　被害者が損害結果の発生または拡大に対して過失を負う場合には，その過失が損害結果の発生または拡大に影響した作用等の要素に基づき，法に従って国家賠償責任を減軽しなければならない。

第10条　国民，法人およびその他の組織の損害が，既に民事・行政訴訟の過程中に賠償または補償をされた場合には，当該部分の損害に対して，国家は賠償責任を負わない。

第11条　人民法院およびその職員が民事・行政訴訟の過程中，本解釈の第2条，第6条が規定する場合に該当し，国民の人身権を侵害したときは，国家賠償法第33条，第34条の規定に基づいて賠償金を算定しなければならない。精神的損害をもたらす場合には，国家賠償法第35条の規定に基づいて，権利侵害行為の影響ある範囲内で被害者のために影響の除去，名誉の回復，謝罪をしなければならない。重大な結果をもたらす場合には，相応の慰謝料を支払わなければならない。

第12条　①　人民法院およびその職員が民事・行政訴訟の過程中，本解釈第2条～第5条で規定される場合に該当し，国民，法人，その他の組織の財産権を侵害して損害をもたらした場合には，国家賠償法第36条の規定に従って賠償責任を負わなければならない。

②　財産が原状回復できない場合には，権利侵害行為の発生時の市場価格に基づいて損害を算定しなければならない。市場価格を確定できず，またはその価格が被害者の損害を填補できない場合には，他の合理的な方法で損害を算定することができる。

第13条 ① 人民法院およびその職員が判決・裁決およびその他の効力が生じた法律文書を誤って執行し，かつ国民，法人またはその他の組織の財産が既に法的手続きに従って競売もしくは換金された場合には，請求人に競売もしくは換金によって取得した金銭を給付しなければならない。

② 人民法院が違法に競売し，または換金の値段が財産の価値を明白に下回っている場合には，本解釈第12条の規定に従って相応の賠償金を支払わなければならない。

第14条 国家賠償法第36条第6号で規定される営業・生産の停止期間内の必要ある経常的出費は，法人，その他の組織または個人経営企業体が営業・生産の停止期間内に運営の維持のための基本的な出費を意味する。それは職員の給料，納付すべき税金・費用，水道代・電気代，営業所・工場の賃金，設備の賃金，設備の減価償却費等の必要ある経常的出費を含む。

第15条 ① 国家賠償法第36条第7号で規定される，その期間に応じた銀行の定期預金の利息とは，効力が生じた賠償決定を出す際の中国人民銀行が公示する年度の人民元の定期預金の基準利息率を基にして算定する。ただし，複利法はとらない。

② 返還すべき財産が金融機構における合法的預金である場合には，預金契約の存続期間における利息について契約の約定の利息率を基にして算定する。

③ 返還すべき財産が現金である場合には，本条の第①項を参照して利息を支払う。

第16条 国家賠償法第36条に従って返還する財産が国家の許可する金融機構の貸付金である場合には，貸付金の元本のほか，その貸付金が貸借される際の利息を支払わなければならない。

第17条 用益物権者，担保物権者，賃借人またはその他の合法に財産を占有・使用する者が，国家賠償法第38条に基づいて賠償を請求する場合には，人民法院は「最高人民法院の国家賠償事件の受理活動に関する規定」に従って審査して受理しなければならない。

第18条 人民法院が民事・行政訴訟の過程中，違法に，訴訟妨害に対する強制措置，保全措置，先取り的に執行する措置をおこない，または判決・裁決およびその他の効力が生じた法的文書の執行を誤った原因が，一級上の人民法院の不服審査が原裁決を変更したことによって生じている場合は，一級上の人民法院が賠償義務機関に

なる。

第19条　①　国民，法人またはその他の組織が国家賠償法第38条に基づいて賠償
を請求する場合には，民事・行政訴訟または執行手続きが終結されたあとに提出し
なければならない。ただし，次に掲げる場合を除く。

一　人民法院が既に法に従って訴訟妨害に対する強制措置を取り消した場合。

二　人民法院が訴訟妨害に対する強制措置をとり，国民の身体の障害または死亡を
もたらした場合。

三　訴訟手続きで被保全者もしくは被執行人の財産でないことが法に従って確認さ
れ，かつ関係訴訟手続きまたは執行手続きで救済できない場合。

四　人民法院の効力が生じた法的文書が既に関係行為の違法性を確認し，かつ関係
訴訟手続きまたは執行手続きで救済できない場合。

五　賠償請求人がその請求と民事・行政訴訟手続きまたは執行手続きとの間に関係
がないことを証明できる証拠を有する場合。

六　その他の場合。

②　賠償請求人が前項の規定に基づき，民事・行政訴訟手続きまたは執行手続きが終
結されたあとに賠償を請求する場合には，当該訴訟手続きまたは執行手続きの期間
は賠償請求の時効の期間計算に算入されない。

第20条　人民法院賠償委員会が民事・行政訴訟の過程中の司法賠償事件を審理する
とき，次に掲げる場合のいずれかがあるときには，その期間は審理期間に算入しな
い。

一　賠償義務機関，関係人民法院またはその他の国家機関に対して事件の資料また
は他の資料を取り寄せる必要がある場合。

二　人民法院賠償委員会が鑑定・評価を委託する場合。

第21条　人民法院賠償委員会が民事・行政訴訟の過程中の司法賠償事件を審理する
とき，人民法院およびその職員の職権行使行為が法律の規定に合致するか否か，賠
償請求人が主張する損害の事実の存否，ならびに当該職権行使行為と損害の事実と
の間の因果関係の存否等の項目についても審査しなければならない。

第22条　本解釈は2016年10月1日から施行される。本解釈の施行前に最高人民法
院の公布する司法解釈が本解釈と一致しない場合には，本解釈を基準にする。

索　引

■著者紹介

楊 遠舟（よう えんしゅう）

　早稲田大学法学研究科，法学博士。
　2018年から2020年まで，早稲田大学比較法研究所助手。
　現在，広東外貿外語大学土地法制研究院助理研究員。
　広州市法学会三農法治研究会理事。

　国家賠償関係の日本語の論文に，「中国国家賠償法の構造とその法的検討」，「中国国家賠償法の行政賠償における違法性―中国2015年の判例を素材とする判例分析を中心に―」，「中国における公共施設に関する損害賠償の構造とその法的検討」（『早稲田大学法研論集』）がある。中国語の論文に，「農地徴収視角下土地経営権権属選択及救済路径」（『私法研究』），「農地徴収行為与強制執行行為的違法性及相手人救済問題」（『不動産研究』），「国家賠償法上行政賠償中違法性的模型」（『日本法研究』）等がある。

中国国家賠償法の研究——賠償義務の成立要件の法理論的分析

2021 年 6 月 20 日　印刷
2021 年 6 月 30 日　発行

著　者　楊 遠舟 ©

発行者　野々内邦夫

発行所　**株式会社プログレス**
　　　　〒 160-0022　東京都新宿区新宿 1-12-12
　　　　電話 03（3341）6573　FAX03（3341）6937
　　　　http://www.progres-net.co.jp　E-mail: info@progres-net.co.jp

＊落丁本・乱丁本はお取り替えいたします。　　　　モリモト印刷株式会社

ISBN978-4-910288-13-0　C2032